Jim Clifton

Der Kampf um die Arbeitsplätze von morgen

Für das Mädchen am United-Gate F4

Jim Clifton

Der Kampf um die Arbeitsplätze von morgen

Übersetzung aus dem amerikanischen Englisch
von Bärbel Knill

REDLINE | VERLAG

Bibliografische Information der Deutschen Nationalbibliothek:
Die Deutsche Nationalbibliothek verzeichnet diese Publikation in der Deutschen Nationalbibliografie; detaillierte bibliografische Daten sind im Internet über http://d-nb.de abrufbar.

Für Fragen und Anregungen:
clifton@redline-verlag.de

1. Auflage 2012

© 2012 by Redline Verlag, ein Imprint der Münchner Verlagsgruppe GmbH, Nymphenburger Straße 86D-80636 MünchenTel.: 089 651285-0Fax: 089 652096

© der Originalausgabe 2011 by Gallup, Inc. All rights reserved. Gallup®, CE11®, Gallup-Healthways Well-Being Index®, Gallup Management Journal®, Gallup Press®, GMJ®, Q12®, The Gallup Path®, and The Gallup Poll® are trademarks of Gallup, Inc. All other trademarks are property of their respective owners.
Die englische Originalausgabe erschien 2011 bei Gallup Press unter dem Titel *The Coming Jobs War.*

Übersetzung: Bärbel Knill, Landsberg am Lech
Redaktion: Jordan Wegberg, Berlin; Gallup GmbH, Berlin
Satz: HJR, Jürgen Echter, Landsberg am Lech
Druck: CDI – Ebner & Spiegel, Ulm
Printed in Germany

ISBN Print 978-3-86881-340-1
ISBN E-Book (PDF) 978-3-86414-242-0

Weitere Informationen zum Verlag finden sie unter

www.redline-verlag.de

Beachten Sie auch unsere weiteren Imprints unter
www.muenchner-verlagsgruppe.de

Inhaltsverzeichnis

Vorwort

Liebe Leserin, lieber Leser,

am Anfang dieses Buches steht eine einfache Erkenntnis. Es gibt etwas, das alle Menschen rund um den Globus verbindet. Egal aus welcher Region sie stammen, zu welcher Religion sie sich bekennen oder welcher Nation sie angehören: Die Menschen wollen einen guten Job, das heißt eine geregelte Tätigkeit mit einem festen Einkommen.

Zu dieser Erkenntnis kommt die Gallup World Poll, die Jim Clifton, CEO von Gallup und Autor dieses Buches, ins Leben rief, um den 7 Milliarden Menschen eine Stimme zu geben. Kontinuierlich werden Tausende von Interviews in 150 Ländern geführt, um zu erfahren, was die Welt wirklich bewegt.

Aus der Erkenntnis, dass dies vor allem der Wunsch nach einem guten Job ist, leitet er eine provokative These ab: In künftigen Auseinandersetzungen zwischen Staaten wird es weniger um Landgewinne oder Rohstoffe gehen sondern um Arbeitsplätze. Dringlichste Aufgabe für die Politik, die Wirtschaft und ihre Entscheidungsträger ist daher das Schaffen von guten Jobs, der Kampf um die Arbeitsplätze von morgen. Bewusst hat Jim Clifton den Begriff »Kampf« für den Titel dieses Buches gewählt, da das Schicksal ganzer Gesellschaften von ihrem Erfolg im Wettbewerb um Arbeitsplätze abhängt.

Was passiert, wenn Regierungen bei dieser Aufgabe versagen, können wir in den von der Wirtschafts- und Finanzkrise besonders hart betroffenen Ländern sehen: Eine hohe Arbeitslosigkeit führt nicht nur zum sozialen Abstieg ganzer Gesellschaftsschichten sondern auch zu tiefen gesellschaftlichen Konflikten. Auch die USA wurden in den vergangenen Jahren von einem massiven Verlust von Arbeitsplätzen getroffen, der das Selbstverständnis und die Zuversicht der Amerikaner zutiefst erschüttert hat.

Auf den ersten Blick mag daher der Einwand berechtigt sein: Was hat das alles mit Deutschland zu tun? In der Tat: Gemessen an vielen seiner europäischen Nachbarn steht die Wirtschaft des Landes und insbesondere der deutsche Arbeitsmarkt gut da. Nicht zuletzt wegen des starken Mittelstandes und hoher Exportquoten – Faktoren übrigens, die Jim Clifton als wesentlich für das Schaffen von Arbeitsplätzen sieht. Insbesondere die gut geführten kleinen und mittleren Unternehmen sind es, die neue Arbeitsplätze schaffen, und die Voraussetzung für Wachstum ermöglichen. In diesen Bereichen kann Deutschland seine Stärken voll ausspielen.

Doch dies allein wird nicht ausreichen, um den Kampf um die Arbeitsplätze von morgen zu gewinnen. Die Faktoren, die Jim Clifton als Bedingungen des Erfolgs identifiziert, sind wesentlich umfassender. Zum einen spielen mikroökonomische Aspekte wie gute Mitarbeiterführung oder die Gewinnung neuer Kunden beziehungsweise die Bindung bestehender Kunden eine Rolle. Zum anderen müssen makroökonomische Faktoren wie Gesundheit und Bildung stärker berücksichtigt werden, um Entrepreneure anzuziehen beziehungsweise sie langfristig an ein Unternehmen, eine Stadt oder ein Land zu binden. Jim Clifton greift bei deren Erklärung auf die Erkenntnisse der Verhaltensökonomie zurück, die Grundlage der Gallup-Forschung ist und auf deren Basis Gallup sowohl Unternehmen als auch staatliche Organisationen berät. Außerdem sind in das Buch die Ergebnisse aus den Gesprächen eingeflossen, die Jim Clifton täglich mit den Entscheidungsträgern aus Politik und Wirtschaft führt.

Wie können Nationen ihre Position im globalen Wettbewerb langfristig ausbauen und neue Arbeitsplätze schaffen? Dies ist die entscheidende Zukunftsfrage für ganze Staaten und Gesellschaftssysteme – und damit auch für jeden Einzelnen von uns. Mit diesem

Buch gibt Jim Clifton Ihnen hierauf eine Antwort und zeigt konkrete Handlungsmöglichkeiten auf.

Eine interessante und anregende Lektüre wünscht Ihnen

Pa M. K. Sinyan
Gallup Senior Consultant

Einleitung

Der nächste »Krieg«, der uns bevorsteht, ist ein globaler Kampf um gute Arbeitsplätze.

Seit dem Jahr 2008 hat der Kampf um qualifizierte Arbeitsplätze alle anderen Führungsaufgaben in den Schatten gestellt, weil er Ursache und Wirkung dessen ist, was weltweit passiert. Dies wird sich in Zukunft noch verstärken, je mehr der globale Wettbewerb zunimmt. Wenn es den einzelnen Ländern nicht gelingt, Arbeitsplätze zu schaffen, brechen ihre Gesellschaftssysteme auseinander. Vor allem in den Städten kommt es zu Miseren, Instabilität, Chaos und schließlich zur Revolution. Dies ist die neue Welt, der sich die Verantwortlichen in Politik und Wirtschaft stellen müssen.

Wenn Sie mich vor dem Hintergrund der gesamten Erhebungen, die Gallup seit über fünfundsiebzig Jahren weltweit durchgeführt hat, fragen, was die Welt in Ordnung bringen könnte – was auf einen Schlag weltweit Frieden schaffen, globalen Wohlstand sichern und die nächsten entscheidenden Fortschritte in der Entwicklung der Menschheit einleiten könnte –, dann würde ich sagen: die sofortige Schaffung von 1,8 Milliarden Arbeitsplätzen – festen, geregelten Arbeitsplätzen. Nichts würde die aktuelle Situation der Menschheit mehr verändern.

Das Problem der Verantwortlichen ist, dass eine wachsende Zahl von Menschen weltweit im Elend lebt, geprägt von Hoffnungslosigkeit und Entbehrungen, und dass sie auf gefährliche Weise unglücklich sind, weil sie ihn nicht haben, jenen alles entscheidenden *guten* Arbeitsplatz – und in den meisten Fällen nicht einmal die Hoffnung darauf.

Ein *guter* Arbeitsplatz ist einer mit regelmäßigem Gehalt von einem Arbeitgeber und fester Arbeitszeit von durchschnittlich 30+ Stunden pro Woche. Arbeitsökonomen weltweit bezeichnen dies als *geregelte* Arbeit. Manchmal verwischen Führungskräfte und Ökonomen die Grenze zwischen guten (geregelten) und *ungeregelten* Arbeitsplätzen. Ungeregelte Jobs sind solche ohne Gehalt und ohne festgelegte Arbeitszeit. Man findet sie vor allem – jedoch nicht ausschließlich – in Entwicklungsländern, und sie bestehen meist aus einfachen Tätigkeiten, die das Überleben sichern, wie etwa ein Huhn gegen Kohlen zu tauschen. Diese Jobs sorgen zwar für ein Auskommen, aber sie schaffen keine echte Wirtschaftskraft. Sie werden von Menschen ausgeübt, die nicht nur im Elend leben, sondern sich laut unseren Forschungen unter großen Entbehrungen durchschlagen, ohne jede Hoffnung auf eine geregelte Beschäftigung – ohne Hoffnung auf einen guten Arbeitsplatz.

Von den 7 Milliarden Menschen auf Erden sind 5 Milliarden Erwachsene ab fünfzehn Jahren. Von diesen 5 Milliarden geben 3 Milliarden gegenüber Gallup an, dass sie arbeiten oder arbeiten wollen. Die meisten von ihnen brauchen eine geregelte Vollzeitstelle. Das Problem ist jedoch, dass es derzeit nur 1,2 Milliarden geregelte Vollzeitarbeitsplätze auf der Welt gibt. Das bedeutet ein Defizit von etwa 1,8 Milliarden – mit potenziell verheerenden Folgen. Die weltweite Arbeitslosigkeit unter jenen, die eine geregelte Vollzeitbeschäftigung mit festem Gehalt und 30+ Wochenarbeitsstunden suchen, erreicht schwindelerregende 50 Prozent, hinzu kommen weitere 10 Prozent, die eine Teilzeitbeschäftigung suchen.

Das bedeutet auch, dass von 1,8 Milliarden Menschen eine potenzielle Belastung und Instabilität der Gesellschaften ausgeht – das ist fast ein Viertel der Weltbevölkerung.

Vor diesem Hintergrund wird der uns bevorstehende Kampf um Arbeitsplätze ausgetragen. Hinzu kommt die große Entdeckung, die diesem Buch zugrunde liegt: Dieser neue »Weltkrieg« um gute Stellen wird wichtiger sein als alles andere. Denn der Mangel an guten Arbeitsplätzen ist die Wurzel fast aller weltweiten Probleme, welche die Weltgemeinschaft mit humanitärer Hilfe sowie mit militärischen und politischen Mitteln zu bekämpfen versucht. Die Ursache für Hunger, Extremismus, unkontrollierte Migrationsbewegungen, verantwortungslosen Umgang mit der Umwelt, ein immer größeres Handelsungleichgewicht und so fort wird letztlich der Mangel an geregelten Arbeitsplätzen sein.

Meine große Schlussfolgerung aus der Gallup-Studie ist, dass die kommenden dreißig Jahre nicht von der Politik oder vom Militär der USA oder anderer Weltmächte bestimmt werden. Die Welt wird vielmehr von der Wirtschaftskraft bestimmt – einer Kraft, die primär auf die Schaffung von Arbeitsplätzen sowie auf das Wachstum und die Höhe der Bruttoinlandsprodukte zurückgeht.

Gäbe es eine erfolgreich arbeitende Behörde für die Schaffung von Arbeitsplätzen, so würden ihre Resultate die Erfolge des Außen- oder des Verteidigungsministeriums bei Weitem übertreffen. Politik und Militär würden nicht länger die Weltereignisse bestimmen.

Die Anforderungen an die globale Führungselite haben sich verändert. Auf höchster Ebene ist die Bewältigung einer neuen Aufgabe gefordert: der Schaffung von Arbeitsplätzen. Die traditionelle Führung durch Politik, Militär, Religion oder humanitäre Werte wird in Zukunft nicht mehr so funktionieren wie in der Vergangenheit. Menschliche Werte wird man daran festmachen, inwieweit sie sich auf die allem übergeordneten Arbeitsplätze auswirken. Menschenrechte, Stammzellenforschung, die Gleichberechtigung von Homosexuellen, Frauenrechte am Arbeitsplatz weltweit – entscheidend für diese Themen wird nicht sein, welche Bedeutung sie für Familie, Politik oder religiöse Werte, sondern für die Entstehung neuer Arbeitsplätze haben.

Ich möchte bei der Beschreibung dieses neuen »Krieges« so konkret wie möglich werden. Im Jahr 2010 betrug die weltweite Summe der Bruttoinlandsprodukte (BIP) – also die Summe der gesamten Güter und Dienstleistungen aller Länder – 60 Billionen Dollar. Die USA haben daran einen Anteil von annähernd 15 Billionen Dollar oder etwa 25 Prozent. Im Verlauf der kommenden dreißig Jahre wird das weltweite BIP auf geschätzte 200 Billionen Dollar steigen. Weitere Kunden, Angestellte, neue Unternehmen und Firmenkapital im

Wert von 140 Billionen Dollar kommen zum globalen Mix hinzu. Der globale »Krieg« um Arbeitsplätze wird zu einem erbitterten Kampf um diese 140 Billionen Dollar, denn aus dieser Geldsumme entwickeln sich künftig die besten Stellen der Welt. Aus diesen 140 Billionen Dollar erwachsen die künftigen Wirtschaftsmächte, doch sie bergen auch das Potenzial für eine Alptraum-Gesellschaft.

Kapitel 1:
Was 7 Milliarden Menschen wollen

Immer öfter stellen globale Führungskräfte Gallup die einfache, aber bedeutsame Frage: »Weiß überhaupt irgendjemand genau, was die ganze Welt denkt?«

Die traditionelle Dokumentation von Wirtschaftsdaten zeichnet unzählige Transaktionen von Menschen auf, vom BIP über Beschäftigungszahlen und alles, was jeder Einzelne in seinem Leben je kauft, bis hin zu Geburten- und Sterberaten. Diese Daten geben sehr detailliert darüber Auskunft, was Menschen tun, doch es gibt keine laufende, zeitlich unbegrenzte, systematische Aufzeichnung darüber, was Menschen *denken*.

Die weltweite Führungselite stellt sich diese Frage zu Recht. Jedes Thema, das sie nachts nicht schlafen lässt, wie Armut, Kriege, Umweltprobleme, Arbeitslosigkeit, Schaffung von Arbeitsplätzen oder Extremismus/Terrorismus, hängt damit zusammen, wie die Bürger denken. Wie Menschen beispielsweise über die Wirtschaft, den Mittleren Osten, über Energiequellen oder die Umwelt denken, beeinflusst ihr Verhalten.

Wenn die Regierenden zu jeder Zeit wüssten, was die ganze Welt – nicht nur ihr eigenes Volk – über fast alle Themen denkt, würde ihnen das ihre Aufgabe sehr erleichtern. Im besten Fall macht dieses Wissen ihre Arbeit effektiver. Die Regierenden würden weniger Fehler machen und keine Gelegenheiten mehr verpassen, weil sie die Einstellungen und Gedanken ihrer Bürger falsch eingeschätzt haben – und die der restlichen 7 Milliarden Menschen, mit denen diese Bürger interagieren.

Genau aus diesem Grund, um Führungskräfte weltweit effektiver zu machen, hat Gallup einen neuen Datenbestand zu Wirtschaft und

Verhalten erschlossen, der die Ansichten von 7 Milliarden Menschen in fast jedem Land und fast jeder vorstellbaren demografischen und soziografischen Gruppe darstellt, die World Poll. Die Arbeit wurde 2005 begonnen und soll einhundert Jahre lang fortgeschrieben werden.

Wir wussten, dass es eine monumentale Aufgabe war, die World Poll ins Leben zu rufen, doch sie erwies sich sogar als noch schwieriger. Zu Anfang führten unsere Wissenschaftler Stakeholder-Interviews mit Hunderten von Führungskräften und Akademikern weltweit und durchkämmten die Daten der besten Meinungsforschungsarchive, der Universitäten, der Vereinten Nationen, der Weltbank, der Europäischen Union, des amerikanischen Außenministeriums – also sämtliche Quellen, an denen die gewünschten Informationen vermutet wurden.

Was unsere Wissenschaftler brauchten, war eine breit angelegte, umfassende, weltweite Umfrage, doch sie konnten nichts dergleichen finden. Daher entschlossen wir uns, selbst eine weltumspannende Umfrage zu validieren und durchzuführen.

Diese Umfrage musste fast jedes erdenkliche Thema abdecken, sorgfältig in Hunderte von Sprachen übersetzt werden und für jede Kultur einen Sinn ergeben. Noch schwieriger war es, einheitliche Listen aller zur Befragung infrage kommenden Menschen zu erstellen, und das in über hundertfünfzig Ländern von Ecuador über Ruanda, den Iran, Russland, Afghanistan, Irland, Kuba, den Libanon, Kasachstan, Venezuela und Honduras bis China.

Nachdem wir den Fragebogen erstellt hatten, erkannten unsere Experten, dass sie eine Methode der einheitlichen Datenerfassung entwickeln mussten, damit alle gesammelten Daten untereinander vergleichbar wären. Wenn wir zum Beispiel nach der Lebenszufriedenheit fragen, muss jeder, vom Yuppie aus Manhattan bis zur Massai-Mutter, dieselbe Frage gestellt bekommen, jedes Mal auf die gleiche Weise, mit der gleichen Bedeutung und in seiner eigenen Sprache, damit die Antworten statistisch vergleichbar sind. Wir wussten, dass es wesentlich war, die Bedeutung einer Frage immer identisch zu halten, von Sprache zu Sprache, von Kultur zu Kultur, von Jahr zu Jahr.

Außerdem mussten wir verlässliche und einheitliche flächendeckende Standards schaffen, damit die Führungsverantwortlichen Trends und Muster erkennen konnten. Also setzten wir Themenschwerpunkte wie Wohlstand, Sicherheit, Recht und Ordnung, Hoffnungen und Träume, Gesundheitswesen, Einschränkung und Entfaltung, individuelle Wirtschaftslage, Armut, Umwelt, Arbeitsplätze und so weiter.

Die Wissenschaftler, akademischen Mitarbeiter und Kollegen auf der ganzen Welt, die bei der Erstellung der Umfrage mitarbeiteten, zählten und sortierten und verwendeten sämtliche statistischen Vorgehensweisen, um genau zu analysieren, was die Weltbevölkerung denkt. Die Ergebnisse sind äußerst komplex und bieten Antworten auf viele Fragen, die bis dahin ungeklärt geblieben waren. Sie machen uns eindringlich bewusst, wie wenig wir über das wissen, was in den Köpfen von 7 Milliarden Menschen vor sich geht, und wie oft wir uns täuschen, was ihre Hoffnungen und Träume betrifft, ihren Willen und ihren Lebensstil.

Als die Weltbevölkerungszahl noch bei 5 Milliarden lag, erkannte unser Unternehmensgründer, der verstorbene Dr. George Gallup: »Es gibt fünf Milliarden Möglichkeiten, ein Leben zu führen, und wir sollten sie alle untersuchen.«

Die Entdeckung

Sechs Jahre nach dem Beginn unserer globalen Datensammlung haben wir vielleicht schon die eine, klar und deutlich hervorstechende, überaus klärende und hilfreiche, ja weltverändernde Tatsache herausgefunden:

Auf der ganzen Welt werden gute Arbeitsplätze gewünscht.

Dies ist eine der wichtigsten Entdeckungen, die Gallup je gemacht hat. Sie sollte in jeder politischen Richtlinie, jedem Gesetz und jeder sozialen Initiative berücksichtigt werden. Regierungen und Führungspersönlichkeiten, Politiker und Gesetzgeber, Präsidenten und Premierminister, Eltern, Richter, Priester, Pastoren, Imame, Lehrer, Manager und CEOs – sie alle sollten dieser Tatsache jeden Tag und in allem, was sie tun, Rechnung tragen.

Dies ist die einfachste und direkteste Erklärung der Daten, die ich geben kann. Ob in Khartum, Kairo, Berlin, Lima, Los Angeles, Bagdad oder Istanbul – der eine, alles dominierende Gedanke in den Köpfen der meisten Menschen dreht sich darum, wie sie eine gute Arbeit bekommen können.

Bisher wünschten sich die Menschen mehr als alles andere Liebe, Geld, Nahrung, Unterkunft, Sicherheit, Frieden und Freiheit. Die vergangenen dreißig Jahre haben uns verändert. Heute wollen die Menschen einen guten Arbeitsplatz, und sie wollen, dass auch ihre Kinder eine gute Beschäftigung bekommen. Das verändert alles für die Regierenden der Welt. Ihr gesamtes Handeln – vom Kampf um Löhne und Gehälter bis zum Aufbau von Gesellschaften – steht in diesem neuen Kontext, der Notwendigkeit guter Arbeitsplätze.

Das Wort »gut« ist dabei wichtig. Es genügt nicht, einfach nur einen Job zu haben. Wenn Menschen von einer guten Stelle sprechen, dann meinen sie eine Beschäftigung, die ihnen so viel Arbeit bietet, wie sie wollen. Vielleicht zahlt Ihnen Ihr Cousin etwas, wenn Sie in seinem Imbissstand am Straßenrand aushelfen, doch das ist weit entfernt von der Anstellung in einer offiziell registrierten Firma, bei der Sie eine geregelte Arbeitszeit von 30 oder mehr Wochenstunden haben.

Eine gute Arbeit ist derzeit das meistbegehrte Ziel in der Welt, und das Verhältnis eines Menschen zu seiner Stadt, seinem Land und der ganzen Welt um ihn herum wird davon bestimmt, ob er einen guten Arbeitsplatz hat oder nicht.

Führungsverantwortliche sollten sich fragen: »Warum ist das Wissen, dass alle Welt einen guten Job haben will, für mich von so *entscheidender Bedeutung*?« Die Antwort lautet: Die Regierenden in Ländern und Städten müssen es zu ihrer wichtigsten Aufgabe und obersten Zielsetzung machen, gute Arbeitsplätze zu schaffen, denn gute Arbeitsplätze sind die neue Währung für die Führenden der Welt. Ihr gesamtes Handeln muss in diesem neuen Bewusstsein stattfinden, sonst setzen sie ihre Städte und Länder aufs Spiel.

➤ Gesetzgeber müssen wissen, ob neue Verordnungen – zum Beispiel in Bezug auf Steuern, Gesundheitswesen oder Umwelt – talentierte Köpfe anziehen oder abschrecken. Abschreckende Gesetze führen zur Abwanderung gut ausgebildeter Kräfte und behindern die Schaffung neuer Arbeitsplätze.

➤ Die Direktoren von Schulen und Universitäten müssen über bestehende Lehrpläne und akademische Grade hinausdenken. Studenten wollen nicht nur Titel und Abschlüsse; sie wollen eine Ausbildung, die zu einem guten Arbeitsplatz führt.

➤ Militärführer sollten bei ihren Aktivitäten das Ziel »gute Arbeitsplätze« im Auge behalten. Hat ein Militärschlag, eine Besetzung oder die Überwachung einer Gesellschaft ein Wirtschaftswachstum mit guten Stellen zur Folge oder nicht? Die Aussicht auf einen guten Arbeitsplatz ist entscheidend, um das Denken einer von Verzweiflung und Gewalt beherrschten Bevölkerung zu verändern.

➤ Bürgermeister und Führungsverantwortliche in jeder Großstadt, jeder Kleinstadt und in jedem Dorf auf der Welt sollten bei all ihren Entscheidungen in erster Linie deren Auswirkung auf den Stellenmarkt berücksichtigen.

Die Entwicklung des großen globalen Traums wird Gegenstand Hunderter von Dissertationen sein. Doch das ist nur der Anfang der Geschichte. Das Gewicht, das Menschen auf Frieden, Liebe, Nahrung und Unterkunft legten – all das, was Menschen bisher mehr bedeutete als alles andere –, hat sich jetzt auf einen guten Arbeitsplatz verlagert, und das deutet auf einen einschneidenden Wandel in der Entwicklung der Zivilisation hin. Eine der wichtigsten Veränderungen liegt im Muster der globalen Migration.

Der Mensch erschien wahrscheinlich etwa vor zweihunderttausend Jahren erstmals auf der Bildfläche, in den Ebenen der Savanne des heutigen Äthiopien. Die Menschen verbreiteten sich in alle Himmelsrichtungen, um bessere Lebensbedingungen für ihre Stämme und ihre Familien zu finden. Und sie haben nie aufgehört zu wandern. Die Ersten, die aufbrachen, waren immer die kühnsten Abenteurer und Entdecker, und das ist so geblieben. Bis vor relativ kurzer Zeit in der Evolution des Menschen suchten diese Entdecker noch nach neuen Jagdgründen, nach Ackerland, Territorien, Verbindungswegen und natürlichen Ressourcen. Heute dagegen haben sie andere Ziele.

Die heutigen Entdecker wandern in die Städte, wo die Wahrscheinlichkeit am größten ist, maximale Innovation, Unternehmertalent und Fähigkeiten vorzufinden. Wohin die Talentiertesten auch immer wandern, hier werden die künftigen Wirtschaftsimperien entstehen. Und genau deshalb sind San Francisco, Seoul und Singapur solche gigantischen Arbeitsmarktmotoren geworden. Wenn die talentierten Entdecker des neuen Jahrtausends Ihre Stadt erwählen, dann gewinnen Sie den Heiligen Gral der weltweiten Vormachtstellung – Brain-Gain, ein Zugewinn an Talenten und infolgedessen die Entstehung von geregelten Arbeitsplätzen.

Vielleicht fällt Ihnen auf, wie oft ich Amerika als Beispiel anführe. Das ist kein Zufall. Auch wenn sich dieses Buch an jedes Wirtschaftssystem der Welt richtet – die Methoden wurden aus einer globalen Perspektive für einen globalen Zweck getestet und analysiert –, so nimmt Amerika in der Weltwirtschaft doch einen besonderen Platz ein. Durch sein außerordentlich hohes BIP und seine Vorreiterrolle für Unternehmer in der ganzen Welt besitzt Amerika eine besondere wirtschaftliche und moralische Autorität.

Doch diese Autorität bröckelt.

Ich bin Amerikaner, und ich bin Patriot. Aber ich bin auch Realist. Solange die Vereinigten Staaten ihre Position als globale Wirtschafts-Supermacht aufrechterhalten, haben sie auch die Kraft, die Entwicklung einer Welt voranzubringen, in der Demokratie, die Schaffung von Arbeitsplätzen und freies Unternehmertum unterstützt werden. Von diesen drei Aspekten ist das freie Unternehmertum der wichtigste, denn in der heutigen Zeit ist dies das Zugpferd, alles andere dagegen nur der Wagen. Im Verlauf der letzten hundert Jahre ist der Kapitalismus zur Grundlage der menschlichen Entwicklung geworden. Kapitalismus findet dort statt, wo man die Entfaltung des freien Unternehmertums zulässt – die Freiheit, alles zu schaffen und aufzubauen, was man will.

Ich habe dieses Buch in der Überzeugung geschrieben, dass Menschen sich am schnellsten in einer Kultur, einer Gemeinschaft oder einer Nation weiterentwickeln, deren Kernaktivität das freie Unternehmertum ist.

Wenn ich also die Vereinigten Staaten als Beispiel verwende, hoffe ich, dass Leser von Buenos Aires über Budapest bis Berlin den Wert erkennen, den die US-Wirtschaft und ihre Arbeitsmarktpolitik darstellen. Als Vorbild des freien Unternehmertums – gewiss nicht das einzige, aber doch das mächtigste – trägt Amerika eine besondere Verantwortung auf der Weltbühne. Jeder profitiert von diesem Erfolg.

Kapitel 2:
Arbeitslosigkeit

Amerikas vorrangiges aktuelles Problem ist laut Gallup der Mangel an geregelten Arbeitsplätzen. Das Land verfügt nicht über genügend gute Vollzeitstellen für Arbeit suchende Menschen.

Man könnte annehmen, Amerikas vorrangiges Problem seien die Kosten des Gesundheitssystems. Doch das ist falsch. Sie stellen zweifellos eine Schwierigkeit dar, treiben die Wirtschaft in den Ruin und reiben die Kraft der Menschen auf, aber das größte Problem sind sie nicht.

Man könnte annehmen, das vorrangige Problem seien die außer Kontrolle geratenen Ausgaben der Regierung. Sie sind es nicht. Sie werden die amerikanische Wirtschaft über die kommenden Jahrzehnte aushöhlen, aber das größte Problem sind sie nicht.

Man könnte annehmen, die vorrangige Herausforderung sei der weltweite Terrorismus. Ist er nicht. Er ist ein schwerwiegendes Problem, das eine entsprechende Lösung erfordert, aber bei Weitem nicht das größte.

Man könnte annehmen, das vorrangige Problem sei die Umweltzerstörung. Das ist ein Irrtum. Der Zustand der Umwelt wird die Menschheit zerstören, wenn er unbeachtet bleibt, aber nicht heute, nicht einmal nächstes Jahr.

Keines dieser Probleme fällt ins Gewicht im Vergleich mit der durchaus wahrscheinlichen Möglichkeit, dass Amerika erst kaum spürbar, dann aber ganz plötzlich bankrott geht – weil keines dieser Probleme so unmittelbar bevorsteht. Doch genau dieser Bankrott Amerikas wird stattfinden, wenn nicht genügend gute Arbeitsplätze zur Verfügung stehen.

Wie würde es aussehen, wenn das Land bankrott ginge? Denken Sie an Kalifornien. Kalifornien kann seine Pensionen nicht zahlen, es wird wahrscheinlich den Bankrott erklären, viele Angestellte des Bundesstaates werden ohne Arbeit sein, und die Inhaber von Staatsanleihen bekommen ihr Geld nicht. Dasselbe gilt für Illinois und Michigan. Bankrott zu gehen bedeutet aufzugeben und Versprechen zu brechen. Es bedeutet, dass die Banken Sie fallenlassen und Ihnen oder Ihrem Unternehmen kein Geld mehr leihen. Und es bedeutet, dass Sie Dinge verkaufen müssen, die Ihnen lieb und teuer sind.

Amerika geht bankrott, wenn sein BIP sinkt und es keine Arbeit mehr gibt. Ein Land geht bankrott, indem erst ein Unternehmen nach dem anderen, dann ein Bürger nach dem anderen pleitegeht. Es reibt sich auf. Und genau das passiert gerade. Sie und ich, unsere Freunde und Verwandten gehen im Moment bankrott, weil die USA bankrott gehen.

Arbeitsmarkt und BIP hängen voneinander ab, das eine ist Ursache und Wirkung des anderen, das eine sichert das Überleben des anderen, und sie erschaffen sich gegenseitig. Sie sind wie Henne und Ei. Ohne ein signifikantes, ruckartiges Wachstum des BIP wird Amerika kein signifikantes Wachstum auf dem Arbeitsmarkt erleben. Und ohne ein schnelles Wachstum auf dem Arbeitsmarkt wird Amerika auch kein nennenswertes Wachstum des BIP erfahren.

Das BIP in Amerika stagniert, und so überrascht es nicht, dass Arbeitslosigkeit und Unterbeschäftigung seit September 2008 dramatisch zugenommen haben. Nach Auskunft des US-Arbeitsministeriums liegt die Arbeitslosigkeit bei etwa 10 Prozent. Die Wirtschaftszahlen bei Gallup lauten ähnlich. Doch Gallup berücksichtigt auch die Unterbeschäftigung, und die beträgt fast 20 Prozent.

Der Begriff Unterbeschäftigung bezieht sich auf Arbeitslose, aber auch auf jene, die in Teilzeit beschäftigt sind, obwohl sie eigentlich in Vollzeit arbeiten wollen (Unterbeschäftigung). Eine »Anstellung« im Sinne der US-Regierung bezeichnet alle Tätigkeiten, die mindestens eine Stunde bezahlte Arbeit in der Woche umfassen. Wenn ich also als arbeitsloser Ingenieur Ihren Rasen mähe, wozu ich über eine Stunde brauche, und wenn Sie mir dafür 20 Dollar geben, dann betrachtet der Staat mich als »angestellt«, auch wenn ich in dieser Woche nichts weiter getan habe, als Ihren Rasen zu mähen. Die Gallup Economics erfasst mich dagegen als »unterbeschäftigt«, wenn ich eigentlich eine Vollzeitbeschäftigung will.

Wenn Sie arbeiten wollen, aber nicht mehr nach einem Job suchen, weil Sie die Hoffnung aufgegeben haben, etwas Passendes zu finden, gelten Sie in den USA nicht als arbeitslos. Die offiziellen Arbeitslosenzahlen des US-Staates werden auf der Grundlage einer monatlichen Befragung von 60.000 Haushalten durch das Statistische Bundesamt hochgerechnet. Die sechs Kategorien der Anstellung bei Gallup werden unter Verwendung einer Befragung von 30.000 Haushalten pro Monat hochgerechnet. Beide liefern exakte Ergebnisse.

Betrachten Sie vor diesem Hintergrund einmal Folgendes: Es gibt etwas mehr als 300 Millionen Amerikaner. Von den mehr als 150 Millionen Amerikanern, die Arbeit suchen, sind 15 Millionen arbeitslos und weitere 15 Millionen eklatant unterbeschäftigt. Das ergibt eine Summe von 30 Millionen Amerikanern, die keinen guten Arbeitsplatz haben. Laut Gallup Economics geben von diesen 30 Millionen 18 Millionen an, sie hätten keine Hoffnung, eine Beschäftigung zu finden. Viele von ihnen haben auch keine Hoffnung, die Hypothek zahlen, die Kinder ernähren oder Benzin fürs Auto kaufen zu können, um zu einem Vorstellungsgespräch zu fahren, und sie haben keinen Grund anzunehmen, dass sich daran etwas ändern könnte.

Das ist, als ob 30 Millionen Amerikaner sich im »Krieg« befänden – einem »Kampf« um Arbeitsplätze, von dem sie wissen, dass sie ihn nicht gewinnen werden. Und die 18 Millionen ohne Hoffnung sind die Toten und Schwerverletzten. Sie haben keine Kraft mehr, also haben sie den Kampf um Arbeit aufgegeben, was schlimm für sie selbst und für die Wirtschaft ist. Noch schlimmer ist, dass sie zu einem großen Teil auch ihr ganzes Leben aufgegeben haben: Die Arbeitslosigkeit ist die stärkste Ursache für Hoffnungslosigkeit im Land.

Amerika erlebt also nicht nur den Niedergang seines BIP, sondern zudem den Zusammenbruch von etwas, dem Sie weiter unten noch häufiger begegnen werden: dem Brutto-Inlands-Wellbeing (BIW, siehe S. 145). Das BIW hängt in erster Linie von Hoffnung oder Hoffnungslosigkeit ab.

Wenn die Opfer im Kampf um die Arbeitsplätze die Hoffnung auf einen Job aufgeben, fällt für sie nahezu alles auseinander. Sie klagen viel häufiger über gesundheitliche Probleme in fast allen Bereichen. Sie spüren mehr physische Schmerzen, leiden öfter unter Schlaflosigkeit, sind häufiger krankhaft depressiv, sind zorniger und brauchen ganz allgemein mehr medizinische Versorgung. Menschen, die achtzehn Monate oder länger keine Arbeit haben, verlieren den Antrieb, ihr Netzwerk von Freunden und Bekannten, in Gemeinde und Familie zu pflegen. Die schlimmsten Dinge im Leben geschehen, wenn Menschen langfristig arbeitslos sind.

Doch das ist noch nicht alles. Diese Verwundeten werden sich wahrscheinlich niemals wieder vollständig erholen. Sie werden das Produktivitätspotenzial ihres Lebens nie ausschöpfen, und es ist wahrscheinlich, dass sie höchst wertvolle Dienste für die Gesellschaft niederlegen, bei denen sie sich vielleicht einmal engagiert haben – als Trainer im Jugendsport, Mentor von Highschool-Schülern, ehrenamtlicher Helfer im Krankenhaus oder Gruppenleiter in der Kirchengemeinde.

Jeder Verlust eines Arbeitsplatzes verändert dauerhaft das Verhältnis des Einzelnen zu seiner Stadt oder zu seinem Land – und in letzter Konsequenz die Kultur. Zwanzig Prozent Arbeitslosigkeit und 18 Millionen Menschen in Hoffnungslosigkeit verändern das gesellschaftliche Gefüge eines Landes in seiner Struktur und schaffen eine Zukunft, aus der sich dieses Land herausarbeiten muss, ganz ähnlich wie bei einer gigantischen Staatsverschuldung.

Diese Rezession wird in der amerikanischen Gesellschaft deutlichere Spuren hinterlassen als die Rezessionen der Vergangenheit, weil die Arbeit mehr als je zuvor die Identität des Individuums definiert.

Ohne Frage ist ein guter Job mehr wert als ein Gehaltsscheck. Wenn Sie einen *tollen* Job haben – einen mit unbeschränkten Aufstiegsmöglichkeiten und einem Vorgesetzten, der ein Interesse daran hat, Sie zu fördern, und Ihnen das Gefühl gibt, eine gute und sinnvolle Aufgabe zu erfüllen –, dann führen Sie mehr oder weniger das beste Leben, das man sich in unserer Epoche der Menschheitsgeschichte vorstellen kann. Aber auch die Umkehrung gilt: Wenn Sie sechs Monate oder mehr gegen Ihren Willen ohne Arbeit sind, dann haben Sie in etwa das schlechteste nur vorstellbare Schicksal, egal wo auf der Welt.

Warum aber ist es so schwer, Arbeitsplätze zu schaffen?

Arbeitsplätze sind das Herzstück einer Nation, das jeden Einzelnen aufrechterhält. Die Regierenden wissen das. Aber fast niemand weiß, wo und wie Jobs geschaffen werden, auch nicht diejenigen, die es zu wissen glauben – der Staat, Theoretiker und Experten von Institutionen aller Art. Diese Leute liegen für gewöhnlich völlig falsch, was die Schaffung von Arbeitsplätzen angeht. Meist setzen sie an der falschen Stelle an.

Die Henne und das Ei

Das BIP ist eine sehr wichtige Messgröße. Es steigt, wenn die Unternehmen wachsen und Kunden Geld ausgeben, denn das BIP ist die Summe der gesamten Produktion und aller Ausgaben in einem Land innerhalb eines Jahres. Siebzig Prozent des amerikanischen BIP beruhen allein auf den Ausgaben der Verbraucher.

Wenn Sie ein Unternehmen führen, stellen Sie sich das BIP vielleicht als Bruttoverkaufszahl oder Gesamterlös vor. Wenn das BIP steigt, geht es jedem sehr gut, denn man schafft neue Arbeitsplätze und erhöht die Einstellungszahlen. Die Gehälter steigen, die Beschäftigten sind stolz auf ihre Arbeit, und alle geben viel Geld aus. Waren und Dienstleistungen aller Art werden mit hoher Geschwindigkeit ausgetauscht.

Wenn das BIP jedoch sinkt, so wie in der schlimmsten Rezession seit über sechzig Jahren, dann läuft es schlecht für die Arbeitnehmer. Unternehmen und Organisationen aller Art reduzieren Kosten, stoppen Kreditaufnahmen und gehen keine Risiken mehr ein. Sie reduzieren die Ausgaben auf das Überlebensnotwendige, sei es für Forschung und Entwicklung, Marketing oder Werbung, und sie führen Einstellungs- und Reisestopps ein. Stellen werden gestrichen und Beschäftigte entlassen, weil die Organisationen für etwas so Grundlegendes wie Mitarbeiter nicht mehr genug Geld haben. Das führt zu einem schnellen wirtschaftlichen Niedergang.

Genau an diesem Punkt stehen die USA zurzeit. Und es sieht so aus, als würde es noch schlimmer. In diesem Fall steht China bereit, um Amerikas Platz einzunehmen.

Die Vereinigten Staaten haben mit Abstand das höchste BIP der Welt, sie sind die weltgrößte Wirtschaftsmacht. Nur wenige Amerikaner wissen das. Laut Gallup würden 52 Prozent der Amerikaner eher China als führende Wirtschaftskraft der heutigen Welt nennen. Diese Wahrnehmung ist falsch. Träfe sie zu, so befände sich Amerika aktuell in einem unkalkulierbaren Chaos. Das BIP der USA liegt bei fast 15 Billionen Dollar, das von China bei fast 6 Billionen. Auch wenn sich dieser Abstand verringert, liegt das durchschnittliche Jahreseinkommen eines Haushalts in den Vereinigten Staaten bei 84.000 Dollar, während es in China knapp über 10.000 Dollar beträgt.

Die fünfundzwanzig Länder mit dem höchsten BIP:

1. Vereinigte Staaten   14,62   Billionen Dollar

2. China   5,745   Billionen Dollar

3. Japan   5,391   Billionen Dollar

4. Deutschland	3,306	Billionen Dollar
5. Frankreich	2,555	Billionen Dollar
6. Großbritannien	2,259	Billionen Dollar
7. Italien	2,037	Billionen Dollar
8. Brasilien	2,024	Billionen Dollar
9. Kanada	1,564	Billionen Dollar
10. Russland	1,477	Billionen Dollar
11. Indien	1,43	Billionen Dollar
12. Spanien	1,375	Billionen Dollar
13. Australien	1,22	Billionen Dollar
14. Mexiko	1,004	Billionen Dollar
15. Südkorea	986,3	Milliarden Dollar
16. Niederlande	770,3	Milliarden Dollar
17. Türkei	729,1	Milliarden Dollar
18. Indonesien	695,1	Milliarden Dollar
19. Schweiz	522,4	Milliarden Dollar
20. Polen	470	Milliarden Dollar
21. Belgien	461,3	Milliarden Dollar
22. Schweden	444,6	Milliarden Dollar
23. Saudi-Arabien	434,4	Milliarden Dollar
24. Taiwan	427	Milliarden Dollar
25. Norwegen	413,5	Milliarden Dollar

Oft frage ich erfahrene Führungskräfte, Politiker, Beamte oder MBA-Studenten, ob sie Amerikas aktuelles BIP kennen, und erstaunlicherweise tun sie es meistens nicht. Auch das BIP von China und Indien kennen nur die wenigsten, ebenso wie das von Russland, Japan, England, Deutschland oder der EU, von Afrika ganz zu schweigen.

Doch das BIP eines Landes ist der wichtigste Leitindikator. Es bestimmt Wachstum und Rückgang, den Arbeitsmarkt, das Kaufverhalten, die Steuerbemessungsgrundlage und vieles mehr. Die Höhe des BIP ist ebenso wichtig wie seine Wachstumsrate. Nehmen wir beispielsweise die USA und China. Auch wenn die USA ein viel höheres BIP haben, ist seine derzeitige Wachstumsrate winzig – etwa 2 Prozent im Jahr. China hat zwar ein deutlich geringeres BIP, aber dafür wächst es pro Jahr um fast 10 Prozent. Das bedeutet, wenn kein Wunder geschieht, wird China das BIP der USA in weniger als dreißig Jahren weit übertroffen haben; 6 Billionen Dollar, die über dreißig Jahre mit einer Rate von 10 Prozent wachsen, schlagen 15 Billionen Dollar mit einem Wachstum von 2 Prozent in diesem Zeitraum aus dem Feld.

Dann wird China das weltweit höchste BIP haben. China wird die neue führende Wirtschaftsmacht, der neue Weltmarktführer sein.

Wenn sich die Kurven des BIP treffen, ist die Zeit Amerikas als Weltmarktführer vorbei. Und ebenso vergangen ist dann der Ruf Amerikas als »der Standort mit den besten Arbeitsplätzen der Welt« und »Führungsmacht der freien Welt«, weil Amerika dann nicht mehr jenen überproportionalen finanziellen Vorsprung besitzt, der ihm die Führungsautorität verleiht, die es heute innehat.

Die Regierenden anderer freier – und auch nicht so freier – Länder werden sich Amerika nicht länger beugen oder seine Zustimmung suchen. Sie brauchen sich weder um die moralische Autorität Amerikas zu kümmern noch um die Konsequenzen, wenn sie diese ignorieren. Sie werden immer weniger die Unterstützung Amerikas suchen, weil die USA nicht länger die reichste Nation mit der größten Armee sind. Wenn die Vereinigten Staaten ihren wirtschaftlichen Vorsprung nicht aufrechterhalten, verfügen sie nicht mehr über 1 Billion Dollar pro Jahr für die nationale Verteidigung und die weltweite Sicherheit, was mehr als die zehn höchsten Verteidigungsbudgets der Welt zusammengenommen ausmacht. Die Welt wird sich den Vereinigten Staaten nicht mehr länger beugen.

Diese Entwicklung hat schon an vielen Orten eingesetzt, etwa in Afrika und Brasilien, wo man beginnt, China ebenso wie die Vereinigten Staaten als Wirtschaftsführer zu betrachten. Stellen Sie sich vor, das wäre plötzlich in jedem Land so, auch in Kanada, Mexiko und Großbritannien – also bei allen wichtigen Handelspartnern der USA.

Weniger BIP-Wachstum bedeutet auch, dass die USA nicht mehr das Geld haben, ihre eigenen staatlichen Leistungen und Bezüge zu zahlen. Es bedeutet, dass Sozialleistungen ebenso eingeschränkt werden müssen wie die Gesundheitsversorgung von Alten (Medicare, siehe auch S. 131), Behinderten und Bedürftigen, öffentliche Schulen, Universitäten, örtliche Polizei und Feuerwehr, Pensionskassen und die Gesundheitsversorgung für Millionen von pensionierten Beamten, der Bau von Straßen und Brücken, entscheidende Forschungen und Entwicklungen oder der nie endende Wettbewerb, in dem das Land zu bestehen hat: der Kampf um die Vorherrschaft in Weltraum, Technologie, Medizin und Umwelt. All diese Bereiche werden erst langsam, dann ganz plötzlich bankrottgehen, denn alles hängt am allmächtigen BIP.

Wenn Unternehmen und Arbeitsmarkt scheitern, sinkt die Steuergrundlage, sodass der Staat weniger Steuergelder zur Verfügung hat, und dann geht es rasant bergab. Ich bin erstaunt, wie wenige meiner klugen Kollegen und Freunde sich klarmachen, dass ein Scheitern der Unternehmen mit einem Scheitern des Landes gleichzusetzen ist. Wenn Unternehmen schließen müssen, gibt es keine Arbeit. Wenn es keine Arbeit gibt, sinkt das BIP. Wenn das BIP sinkt, funktionieren auch Institutionen, Infrastruktur und Regierungen nicht mehr. BIP und Stellenwachstum sind wie Henne und Ei.

Amerikas einzige Lösung – und das gilt auch für jedes andere Land – ist, den BIP-Kuchen zu vergrößern. Das bedeutet Stellenwachstum. Je größer der Kuchen, desto mehr gute Arbeitsplätze gibt es. Die meisten Ökonomen, liberale wie konservative, werden zustimmen, dass dies die beste Lösung ist. Doch Amerika kann nicht einfach Milliarden in Innovation stecken und hoffen, dass es dann wieder einen Aufschwung gibt.

Dies ist der Punkt, an dem Washington und fast alle wohlmeinenden Politiker und Staatsoberhäupter auf der Welt falschliegen.

Um ein Drittel gekürzt

Um das Problem zusammenzufassen: Zu viele Bürger machen sich etwas vor. Sie glauben, der Staat wird mit seinem Geld daherkommen und sie retten. Aber der Staat hat kein Geld. Menschen und Unternehmen haben Geld. Und wenn die überwältigende Mehrheit der Amerikaner nicht außerhalb der staatlichen Behörden arbeitet, geht Amerika bankrott.

Bis ins letzte Jahrzehnt hinein hatte die US-Wirtschaft ein unglaubliches Wachstum zu verzeichnen, das den Rest der Welt dreißig Jahre lang deutlich übertraf. Das Land hatte auch eine Steuergrundlage, mit der man so gut wie alles abdecken konnte. Man konnte immer für die eigenen Bedürfnisse und sogar für die anderer aufkommen. Man konnte überall Geld investieren, weil Amerika gigantische Unternehmensprofite und Individualeinkommen zu besteuern hatte, natürlich infolge der Tatsache, dass es die mit Abstand größte Wirtschaftsmacht der Welt war.

Wenn das BIP sinkt, dann sinkt auch die Summe, die der Regierung für ihre Ausgaben zur Verfügung steht, denn es gibt ja weniger zu besteuern. Amerikanische Bürger gründen keine neuen Unternehmen, und sie haben auch nicht das Vertrauen, bestehende Unternehmen zu vergrößern, sodass das Land nicht die neuen Arbeitsplätze bekommt, die in Unternehmen normalerweise entstehen, und damit auch kein zu besteuerndes Einkommen.

Nur wenige Amerikaner machen sich klar, dass kleine und mittlere Unternehmen die meisten Stellen bieten. Große Unternehmen schaffen keine maßgebliche Anzahl an neuen Arbeitsplätzen. In den USA waren kleine und mittlere Unternehmen in den letzten zwei

Jahrzehnten verantwortlich für praktisch alle neu geschaffenen Arbeitsplätze. Die amerikanischen Unternehmensgiganten sind sicherlich sehr wichtig für das Wirtschaftssystem, weil sie eine Vielzahl von Menschen beschäftigen, vor allem aber, weil sie die Schlüsselkunden kleiner bis mittlerer Unternehmen sind.

Tatsache ist, dass die Steuergrundlage in erster Linie durch Unternehmen mit weniger als 500 Mitarbeitern und noch viel mehr durch Unternehmen mit weniger als 100 Mitarbeitern geschaffen wird. Kleine und mittlere Unternehmen sind die Basis für den »Great American Way«. Nur wenigen Führungsverantwortlichen ist diese simple Tatsache bekannt. Wenn also die kleinen und mittleren amerikanischen Unternehmen nicht wachsen, gibt es keinen Geldsegen, den man nach Washington schicken könnte, um die steigenden Kosten der staatlichen Leistungen abzudecken.

Im Jahr 2007 gab es in den Vereinigten Staaten etwa 6 Millionen Unternehmen mit mindestens einem Angestellten; Unternehmen mit fünfhundert oder weniger Angestellten machten über 99 Prozent dieser 6 Millionen aus. Es gab etwas mehr als 88.000 Unternehmen mit hundert bis fünfhundert Angestellten, etwa 18.000 mit fünfhundert bis zehntausend Mitarbeitern – und nur etwa 1000 Unternehmen mit über zehntausend Angestellten. Das ist Amerikas neue »aktive Streitmacht«. Vom Erfolg dieser Unternehmen hängt der Kampf um alles Weitere ab.

In den Vereinigten Staaten gibt es weit weniger Unternehmensgiganten, als die meisten glauben. Es ist eine verbreitete Annahme, dass Amerika vom »Big Business« angetrieben werde. Doch in Wahrheit wird es stimuliert und beherrscht von kleinen und mittleren Unternehmen.

Wenn also die kleinen und mittleren Unternehmen nicht auf wunderbare Weise durchstarten und wachsen wie nie zuvor, werden die Steuertöpfe von Gemeinden, Regionen, Bundesstaaten und Bund drastisch gekürzt, und mit ihnen alle staatlichen Leistungen und Programme im gesamten Land, in den Bundesstaaten und Städten – wenn sie überhaupt weiter bestehen. Sehr bald wird man die Renten um ein Drittel reduzieren, ein Drittel der Arbeitsstellen bei Stadt, Region, Bundes-staat oder Bund einsparen und das Verteidigungsbudget um ein Drittel kürzen müssen.

An diesem Punkt steht Amerika. Die Steuergelder, die nach Washington fließen, machen etwa 2,6 Billionen Dollar aus, während die Ausgaben der Regierung etwa 3,7 Billionen Dollar betragen.

Sicher, es gibt einen vorübergehenden Ausweg aus diesem Dilemma – eine starke Steuererhöhung. Die Amerikaner sind sogar bereit, das mitzumachen. Gallup hat festgestellt, dass US-Bürger lieber mehr Steuern zahlen würden, als sich die Renten kürzen zu lassen. Aber diese Lösung hat einen Haken: Wenn Einzelpersonen und Unternehmen mehr Steuern zahlen, dann hat zwar der Staat mehr Geld, um es auszugeben, die Menschen und Unternehmen jedoch weniger. Und wenn die Verbraucherausgaben sinken, bleibt den Unternehmen weniger Geld für Expansionen und Neueinstellungen.

Gallup hat ebenso festgestellt, dass 47 Prozent der Amerikaner die Idee einer Reichensteuer befürworten. Auch das ist jedoch keine langfristige Lösung. Je nachdem, wen man fragt, wird im Allgemeinen als »reich« definiert, wer ein Jahreseinkommen von 250.000 Dollar und mehr hat. Dabei sind viele dieser »reichen« Leute nicht im »Big Business«, sondern Inhaber von kleinen oder mittleren Unternehmen oder in solchen beschäftigt, und sie reinvestieren ihr Vermögen in ihre Firmen, wenn sie viel Vertrauen in sie haben.

Sie setzen ihr Geld dafür ein, dass ihre Unternehmen erfolgreich sind und so die Arbeitsplätze ihrer Angestellten sichern, wodurch diese Geld ausgeben, was wiederum die Unternehmen am Laufen hält und letztlich das BIP weiter wachsen lässt. Eine Erhöhung der Unternehmenssteuern greift den finanziellen Pool an, den man doch nutzen sollte, um Arbeitsplätze zu schaffen, die Forschung und Entwicklung voranzutreiben und Investitionen zu tätigen, die das hervorbringen, was die Leute kaufen wollen.

Es gibt noch eine weitere Tatsache, die viele nicht zu erkennen scheinen: Das Geld wird sowieso ausgegeben. Entweder Sie geben es aus oder Ihr Unternehmen oder der Staat.

Doch Vorsicht: Jede Lösung bei der Schaffung von Arbeitsplätzen setzt hohe Verbraucherausgaben voraus, sonst steigt das BIP nicht. Amerika muss gleichzeitig die Steuern senken und die Unternehmensergebnisse steigern, sodass eine Vielzahl neuer Arbeitsplätze entsteht und jeder genügend Geld hat, um es im Einkaufszentrum auszugeben, sein Haus zu renovieren, sich eine Angelausrüstung zu kaufen und so weiter. Ein Riesenanteil der 70 Prozent des US-BIP beruht auf diesen Verbraucherausgaben. Wenn also das Gehalt gekürzt wird, das Verbraucher nach Hause bringen, schränken diese automatisch ihre Ausgaben ein und senken damit in der Konsequenz das BIP.

Auch kleine und mittlere Unternehmen sind Verbraucher, genau wie der Arbeitnehmer, der sich eine Angelrute kauft. Diese Firmen tätigen Einkäufe für ihr eigenes Geschäft. Also zeichnen auch sie für 70 Prozent des BIP verantwortlich.

Der Kernpunkt beim Stellenwachstum ist: Wenn man den Kuchen lediglich anders aufteilt, ändert sich nichts. Der Staat kann mehr Geld von hier nehmen und weniger von dort, aber am Ende ist einfach nicht genug Geld da. Jedenfalls entstehen keine Arbeitsplätze, wenn man die Steuern zu stark anhebt.

Noch reicht es aus, die gewaltigen Defizite der Regierung zu reduzieren und die außer Kontrolle geratenen Ausgaben zu stoppen. Das alles muss getan werden, bevor Amerika in Kosten und Schulden versinkt, aber mehr Arbeitsplätze wird es auch nicht schaffen.

Die Staatsverschuldung beschleunigt den Zug, der bereits mit rasender Geschwindigkeit abwärtsfährt, und macht den Crash am Ende noch spektakulärer. Genau auf dieser Spur befindet sich das Land gerade, als Ergebnis von gigantischen Sozialleistungskosten und einem winzigen BIP-Wachstum, um sie zu finanzieren. Amerika hält sich im Moment nur durch immer weitere Kredite liquide.

Wenn Sie also ein Gehalt von der Kreis- oder Stadtverwaltung, vom Bundesland oder vom Staat bekommen, besteht ein hohes Risiko, dass Sie nicht nur dieses Gehalt verlieren, sondern auch Ihre Rente oder Pension und die dazugehörigen Leistungen. Während ich dies schreibe, werden gerade die verschiedensten Stellen im öffentlichen Dienst sowie Lehrerstellen an öffentlichen Schulen gestrichen, weil die Steuereinnahmen aus den Unternehmen im gleichen Maße schrumpfen wie die Unternehmen selbst.

Da die meisten Amerikaner das nicht verstehen, wird man nun bald immer öfter Aussagen wie die folgenden hören:

»*Meine staatliche Rente, die ich mir hart erarbeitet habe, wurde gestrichen.*« Es gibt keinen Zuwachs an Arbeitsplätzen, wenn das BIP nicht wächst, was die einst riesige Steuergrundlage, aus der alles bezahlt wurde, drastisch vermindert. Also muss die Regierung die Zahlungen um ein Drittel kürzen, auch die staatlichen Renten.

Je mehr Profit eine Firma macht, desto mehr verdienen die Investoren, und viele Investoren sind die Garantie für die Renten. Wenn der Wert einer Firma steigt, egal welcher Firma, dann gewinnt *jeder* ein Stück mehr Sicherheit und Reichtum, weil jeder ein bisschen Geld in jeden anderen investiert. Geld und Arbeitsplätze sind eng miteinander verknüpft. Das ist mit Sauerstoff vergleichbar – jeder atmet dieselbe Luft. Deshalb hat die Rezession so viele Investmentpläne zunichtegemacht und das BIP der USA schrumpfen lassen. Das BIP ist wie Ihre Verkaufszahlen oder Ihr Gehaltskonto: Es muss die Ausgaben übersteigen, sonst gehen Sie bankrott.

»*Niemand erstattet meinen Eltern die Krankenhauskosten.*« Wenn das BIP-Wachstum stagniert, schrumpft die Steuergrundlage, die von den kleinen und mittleren Unternehmen gebildet wird. Infolgedessen erhalten Ihre Eltern nicht mehr die volle Erstattung der Gesundheitskosten aus Steuergeldern. Die Regierung wird dieses Bezugsrecht um ein Drittel kürzen müssen. Medicare und Medicaid[1]

---

[1] die US-Gesundheitsprogramme für Ältere und Bedürftige

werden viel weniger Kosten abdecken, und für den Rest werden Ihre Eltern selbst aufkommen müssen. Und es kommt noch schlimmer, wenn *Sie selbst* zu den Älteren gehören.

»Wer hat meine Rücklagen für die Rente gestohlen?« Wenn Amerika nicht mehr die große Steuergrundlage hat, die durch kleine und mittlere Unternehmen geschaffen wurde, oder nicht mehr das erforderliche Verhältnis zwischen aktiv Berufstätigen und Rentnern aufweist, wird der Staat die Renten um ein Drittel kürzen müssen. Natürlich hat es nie so etwas gegeben wie ein »Sparkonto« für die Renten, und die Amerikaner haben niemals auch nur annähernd so viel eingezahlt, wie sie ausgezahlt bekommen. Viele US-Bürger glauben, dass sie gleich viel oder mehr eingezahlt hätten als das, was sie von der Rentenkasse ausbezahlt bekommen. Doch in einem durchschnittlichen Arbeitsleben zahlen sie weitaus weniger ein, als sie erhalten, und die Differenz wird von den aktiv Berufstätigen getragen. Es handelt sich hier um ein Einkommens-Umlageverfahren, nicht um ein Sparkonto. Derzeit müssen etwa drei Berufstätige in die US-Rentenkasse einzahlen, um einen Rentner zu finanzieren, und das System funktioniert genau so lange, wie es ein Verhältnis von drei Berufstätigen zu einem Rentner gibt. Es fängt an zu bröckeln, wenn das Verhältnis Berufstätige/Rentner beispielsweise nur noch zwei zu eins beträgt.

Gibt es weniger Jobs, so gibt es auch weniger Berufstätige, um die Renten zu finanzieren. Also werden die Renten gekürzt. Das große Problem in einem demokratischen System, in dem die Politiker gewählt werden, besteht darin, dass diese Politiker so etwas nicht ansprechen wollen, denn wenn sie erklären, dass man mit diesem Programm einfach nicht im gleichen Umfang weiter zahlen kann wie bisher, werden sie nicht mehr gewählt. Amerikas demokratisches System ist sicher eins der besten weltweit, aber an diesem Punkt versagt es.

Während Amerika sich bei seinem Kampf um Arbeitsplätze selbst im Weg steht, hat China die Vereinigten Staaten im Visier.

Kapitel 3:
Chinas Aufstieg

Aktuellen Wirtschaftsvorhersagen zufolge wird Chinas BIP in den kommenden dreißig Jahren auf einen Betrag steigen, der den der Vereinigten Staaten bei Weitem übertrifft. Wie schon erwähnt, betrug das weltweite BIP 2010 mehr als 60 Billionen Dollar. An dieser Gesamtsumme haben die Vereinigten Staaten einen Anteil von 15 Billionen Dollar oder anders gesagt einen aktuellen globalen Marktanteil von etwa 25 Prozent. China hat derzeit ein BIP von annähernd 6 Billionen Dollar, das entspricht einem Marktanteil von etwa 10 Prozent.

Vielleicht fragen Sie sich jetzt, was mit Indien und Russland ist. Diese Länder könnten recht erfolgreich sein, aber ihr Rückstand ist einfach zu groß. Indien und Russland haben ein BIP von annähernd je 1,5 Billionen Dollar. Das weiß fast niemand, denn Indien und China werden so oft in einem Atemzug genannt, dass man zu der Annahme neigt, ihr BIP sei in etwa gleich hoch. Wer in den letzten zehn Jahren immer behauptet hat, Indien sei das Land, das man im Auge behalten müsse, hat sich zumindest vorübergehend getäuscht. Indien entwickelt sich recht gut, wird aber vom Reich der Mitte überholt.

Derzeit ist Chinas BIP mehr als viermal so hoch wie das Indiens, mehr als dreimal so hoch wie das Russlands und mehr als doppelt so hoch wie das von Brasilien. Japan kommt mit etwas mehr als 5 Billionen Dollar nahe an China heran, doch Japans Wirtschaft stagniert noch stärker als die Amerikas. Als Nächstes kommt Deutschland mit 3,3 Billionen Dollar. Großbritannien kommt auf gerade über 2 Billionen Dollar, und Frankreich liegt bei knapp über 2,5 Billionen Dollar – und beide stagnieren. Um es nochmals ins Gedächtnis zu rufen: Das BIP der Vereinigten Staaten ist Weltführer mit 15 Billionen Dollar, aber das derzeitige Wachstum ist minimal, während China sich mit annähernd 6 Billionen Dollar auf einem historischen, die Weltordnung verändernden Wachstumskurs von fast 10 Prozent im Jahr befindet.

In den kommenden dreißig Jahren, bei einem globalen BIP-Wachstum von rund 4 Prozent im Jahr, wird das weltweite BIP voraussichtlich auf eine Gesamtsumme von 200 Billionen Dollar anwachsen. Praktisch alle Ökonomen sagen voraus, dass Chinas BIP bis 2040 auf etwa 70 Billionen Dollar hochschnellen wird – das entspricht einem Marktanteil an der Weltwirtschaft von 35 Prozent. Das BIP der USA soll um durchschnittlich 2,5 Prozent auf etwa 30 Billionen Dollar oder 15 Prozent des Weltmarktanteils 2040 wachsen.

Wenn dies passiert, ist Amerika der Verlierer. Die Welt wird sich verändern; *alles* wird sich verändern. China könnte die Welt beherrschen. Und dazu muss es nicht einmal sein Militär einsetzen. Wenn Chinas BIP den der USA überholt, wird das Land die Welt auf wirtschaftlicher Ebene beherrschen, und zwar durch eine Gewinnmarge, die viel höher ist als die Amerikas. China wird die neue führende Weltmacht sein. Sämtliche Übereinkommen zwischen den Ländern in den Bereichen Frieden, Handel, Umwelt, Grenzen, Gesetze und Menschenrechte würden sich an China orientieren. Denn dann gilt mehr denn je die goldene Regel: Geld regiert die Welt. Und das Land mit dem dominierenden BIP hat sowohl das Geld als auch die guten Arbeitsplätze.

Es ist unabdingbar, all diese BIP-Zahlen zu verstehen, weil die entscheidenden Stellenangebote vom BIP-Wachstum abhängen. Alles, was Sie gerade gelesen haben, wird wahr, wenn Amerika seine Wirtschaft nicht wieder neu startet und auf Touren bringt. Gelingt dies nicht, so wird die Nation in eine ganz neue wirtschaftliche Hölle hineinschlittern, die man sich kaum vorstellen kann.

Einen Vorgeschmack davon gab es bereits in Detroit. Noch vor wenigen Jahrzehnten war Detroit eine der reichsten Städte der Welt mit hoher Lebensqualität und Standort für Unternehmen der verschiedensten Branchen. Doch eine unfähige Stadtpolitik und der aufkommende Wettbewerb mit dem Ausland bewirkten, dass in Detroit Unternehmen, Verwaltung und sämtliche öffentlichen Einrichtungen inklusive der Schulen scheiterten. Und eine unfähige Führung produziert noch mehr Unfähigkeit weiter unten auf der Hierarchieleiter. Amerika hat eine der besten Städte der Welt verloren, weil Detroit im Konkurrenzkampf um Arbeitsplätze gegen Japan und Deutschland den Kürzeren gezogen hat.

Wenn sich das BIP und der Stellenmarkt in einem kontinuierlichen Abwärtsstrudel befinden, werden Tausende große und kleine amerikanische Städte plötzlich in dieselbe Lage geraten wie Detroit. Ihr BIP sinkt, kleine und mittlere Betriebe schließen, große Unternehmen werden von Washington oder ausländischen Besitzern übernommen. Jedes Unternehmen, das es sich leisten kann, geht weg. Es kommt zu Massenentlassungen, die Verschuldung der Städte wird riesig und untilgbar, die Steuerbasis für staatliche Stellen in der Kommune schwindet, und der Brain-Drain ist vernichtend. Häuser werden eingerissen, Korruption grassiert in der Stadtverwaltung – eine Wirtschaftshölle breitet sich über eine ganze Stadt aus.

Was ist in Detroits Makroökonomie falsch gelaufen?

Die größte Schuld kann wohl der kurzsichtigen Unternehmensführung, dem Management und der Planung der Automobilfirmen zugeschrieben werden; sie agierten so, als würden die Vereinigten Staaten bis in alle Ewigkeit der unanfechtbare Weltwirtschaftsführer bleiben. Es wurden Fahrzeuge von minderer Qualität produziert, denn wen interessierte das schon? In der Nachkriegswelt musste sowieso jeder amerikanische Ware kaufen. Die Verbraucher hatten gar keine Wahl.

Die restliche Schuld sollte man vor der Tür der übermäßig aggressiven Gewerkschaften abladen, die wussten, dass sie sich gegenüber dem schwachen Führungs-Dreigestirn durchsetzen konnten. Sie bedienten die falschen Kunden und schufen Organisationen fast ausschließlich zum Wohl der Angestellten, nicht für den Markt. Weder Management noch Gewerkschaften hatten genügend Weitblick, um zu erkennen, dass sie ihre Heimatstadt in dem neuen »Krieg« um BIP und Jobs kampfunfähig machten.

123.000.000.000.000 Dollar

Der Gedanke, dass sich Amerika in ein einziges großes Detroit verwandeln könnte, ist nicht so weit hergeholt, wenn man die Voraussagen von Robert Fogel betrachtet, der 1993 mit dem Nobelpreis ausgezeichnet wurde. Er prophezeite, dass die chinesische Wirtschaft bis zum Jahr 2040 bei 123 Billionen Dollar liege. Das ist mehr als das Dreifache des Wirtschaftsergebnisses der ganzen Welt aus dem Jahr 2000. Chinas Anteil daran wird 40 Prozent betragen, Amerikas 14 Prozent und der der Europäischen Union 5 Prozent. »So wird das wirtschaftliche Machtverhältnis aussehen«, schrieb Fogel in seinem Artikel im *Foreign Policy Journal*.

Nachdem ich mir selbst viele Wirtschaftskalkulationen angesehen habe, würde ich sagen, dass Fogel seine Berechnungen unter dem Einfluss einer Überdosis Koffein anstellte, aber er ist und bleibt ein renommierter und hoch angesehener Wirtschaftswissenschaftler. Zweifellos ist für nahezu alle glaubwürdigen Ökonomen China der mit Abstand aussichtsreichste Kandidat, um die Vereinigten Staaten im Lauf der nächsten dreißig Jahre zu übertreffen. Nicht ein einziger mir bekannter Ökonom glaubt, dass die USA diesen bevorstehenden Wirtschaftskampf gewinnen werden.

Wenn Fogel also auch nur *annähernd* richtig liegt, selbst wenn seine Vorhersage nur *beinahe* wahr wird, steht der Untergang des amerikanischen Arbeitsmarktes bevor. Arbeitslosigkeit plus Unterbeschäftigung werden auf mehr als 40 Prozent steigen. Die Führungsrolle in der freien Welt wird für Amerika nicht nur verloren sein, sondern in unerreichbare Ferne rücken.

Und das ist das Ende für das amerikanische Experiment Demokratie. In den Geschichtsbüchern wird zu lesen sein, es habe von 1776 bis 2040 gedauert und sei dann von der kommunistischen Marktwirtschaft Chinas abgelöst worden.

Es sei denn …

Kapitel 4:
Es sei denn ...

Die Vereinigten Staaten werden von China überrannt, es sei denn, es gibt ein Wirtschaftswunder. Amerika setzt seine Nation und die Zukunft seiner Kinder und Enkel auf diese eine Karte, auf ein einziges großes »Es sei denn«.

Wie viele Vordenker lässt Fogel diesem großen »Es sei denn« Raum. »Alles ist möglich«, schrieb er. »Ein unerwarteter Durchbruch in der Technologie könnte alles wieder auf den Kopf stellen.« Seine Kalkulation kann unvorhersehbare, weltverändernde Neuentwicklungen nicht mit einbeziehen, noch genauer müsste man sagen, sie kann keine weltverändernden Momente von außergewöhnlichem Unternehmergeist mit einbeziehen – denn sie ist nicht feinfühlig genug, um den nächsten Steve Jobs, Bill Gates, die nächste Meg Whitman oder den nächsten Mark Zuckerberg zu entdecken oder das nächste Apple, Microsoft, eBay oder Facebook.

Gerade auf dem, was die Algorithmen der Top-Ökonomen nicht einberechnen können, liegt Amerikas Hoffnung für die Zukunft. Und es gibt Grund zur Hoffnung. An manchen Tagen scheint es mir unmöglich, dass der Wirtschaftsalptraum, den wir gerade erleben, jemals beendet werden kann – doch es ist schon einmal gelungen.

Wenige Vordenker wissen es: Amerika war schon einmal an diesem Punkt. *Ganz genau* hier.

Deutschland und Japan

Vor über dreißig Jahren sagte eine Runde aus liberalen und konservativen Wirtschaftsexperten im Fernsehen voraus, dass die Vereinigten Staaten ihre globale Führung im BIP, ihren wirtschaftlichen Vorsprung, an Japan und Deutschland verlieren würden. Offenbar auf der Basis von einfachen Regressionsgleichungen konnten sie erkennen, dass Japan und Deutschland aufgrund ihrer wachsenden Überlegenheit in der Fertigung und Produktion Amerikas wirtschaftliche Führungsposition einnehmen würden – besonders Japan.

Sie sagten voraus, dass das Wachstum der Vereinigten Staaten sich verlangsamen und das Japans und Deutschlands sprunghaft ansteigen würde. In der Konsequenz würde Amerika im globalen BIP-Ranking auf den dritten Platz zurückfallen, es würde seine weltweite Autorität einbüßen, und alles würde sich verändern. Die Regierenden in Deutschland und Japan befanden sich in einem regelrechten Erfolgstaumel, während sie darauf warteten, den sicheren Schritt an die oberste Spitze zu tun. Ein japanischer Abgeordneter sorgte weltweit für Schlagzeilen, indem er behauptete, die Amerikaner seien »fett und träge« geworden.

Zum Glück hatte man sich geirrt. Die Vereinigten Staaten gaben ihre wirtschaftliche Führungsrolle nicht auf, das Land schnellte von dem geschätzten Ergebnis von 3,8 Billionen auf atemberaubende 15 Billionen Dollar hoch und machte damit einen größeren Sprung, als irgendjemand vorausgesehen hatte. Die Vereinigten Staaten waren *nicht* der Verlierer, sondern machten in den Bereichen Schaffung von Arbeitsplätzen und BIP sogar einen unerwarteten Sprung nach vorn. Amerika fiel nicht auf den dritten Platz zurück; sein BIP wuchs derart an, dass es am Ende höher lag als die Wirtschaftskraft Japans und Deutschlands zusammengenommen. Amerika wuchs fast fünfmal so stark, wie es die besten Ökonomen vorausgesagt hatten.

Die Vereinigten Staaten erlebten nicht das überall vorausgesagte geringe Wachstum. Das BIP wuchs, gute Arbeitsplätze entstanden, und die USA festigten sogar noch ihren Status als Führungsmacht der freien Welt.

Niemand hatte das kommen sehen. Praktisch jeder hatte sich getäuscht, von den amerikanischen Ökonomen bis zu den erfolgssicheren Japanern und Deutschen.

Amerika war ein solcher Underdog gewesen, dass man mit dem Aufschwung des Landes zum wirtschaftlichen Weltführer in den letzten dreißig Jahren am allerwenigsten gerechnet hätte. Und doch sieht, hört oder liest man davon nirgends etwas. Es steht weder in den Geschichtsbüchern, noch wird es in den Vorlesungen der MBA-Studiengänge oder in politikwissenschaftlichen Seminaren gelehrt. Das war einer der wichtigsten Kämpfe, die Amerika in den mehr als zweihundertdreißig Jahren seit seiner Existenz je gewonnen hat – aber niemand spricht davon oder macht es gar zum Objekt seiner Forschungen. Der Kampf um die Arbeitsplätze von 1970 bis 2000, ein Krieg an drei Fronten zwischen den Vereinigten Staaten, Japan und Deutschland, wurde nicht wahrgenommen und von niemandem dokumentiert.

Nichtsdestotrotz hat die Generation der Babyboomer – gemeinsam mit ein paar Angehörigen der Generation X – ihn ausgefochten und gewonnen. Sie vermarkteten alles, was mit Internet und IT zu tun hatte, schufen unzählige neue Geschäftsmodelle in diesem Bereich und exportierten sie überallhin. Durch einen amerikanischen Unternehmer- und Innovationsgeist, den niemand hatte kommen sehen, wurden überall im Land Millionen kleiner, mittlerer und großer Unternehmen geschaffen – vor allem kleine und mittlere.

Ein unerwarteter Wirtschaftsboom über dreißig Jahre ließ Amerikas Anteil an der Weltwirtschaft auf 25 Prozent hochschnellen, und das rettete die Republik wenn auch auf andere Weise, so doch beinahe in dem Maße, wie es der Sieg im Zweiten Weltkrieg getan hatte. Wenn der Zweite Weltkrieg die Republik und die Demokratie gerettet hatte, dann hat der unvorhergesehene technologisch-unternehmerische Boom von 1970 bis 2000 das Land, diesmal wirtschaftlich, erneut gerettet.

Nun also steht Amerika wieder am selben Punkt, nur sagen die Experten diesmal vorher, dass China anstelle von Japan und Deutschland die USA besiegen werde.

Die Vorhersagen der klassischen Ökonomie vor über dreißig Jahren waren falsch, weil ihre Formeln und Algorithmen begrenzt waren. Sie konnten nicht erkennen, dass Tausende kleiner, mittlerer und großer Unternehmen mit ihrer Kombination aus Innovationskraft und Unternehmergeist überall aus dem Boden schießen und eine historische Siegesserie des BIP und des Stellenwachstums erzielen würden.

Das heißt, ein einziges fehlendes Teilchen, *Unternehmergeist und Erfindungsgabe,* dieser eine blinde Fleck, dieses eine »Es sei denn« hatte mehr Wirkung als alle anderen Variablen im Algorithmus der Wirtschaftler. Das sollte uns zu denken geben. Die traditionelle Weise, in die Zukunft zu blicken, berücksichtigte die wichtigste Variable nicht.

Die traditionellen oder klassischen Wirtschaftsformeln funktionierten nicht, weil der blinde Fleck, der unberechenbare menschliche Unternehmergeist, die restlichen Variablen in den Berechnungen einfach hinwegfegte.

Das heißt nicht, dass die Amerikaner ihre Hoffnung auf etwas setzen sollten, das selten, unberechenbar und wie ein Wunder ist. Sie sollten nicht einfach die Daumen drücken und um ein neues Internet beten. Aber sie sollten erkennen, in welcher Gefahr sich Amerika befindet – und welche Mängel die Prognosen der klassischen Ökonomen in sich bergen.

Die Vorhersagen der klassischen Ökonomie können die Hauptursachen für die unzähligen potenziellen Ergebnisse nicht genau aufdecken. Deshalb lag die klassische Volkswirtschaftslehre vor dreißig Jahren falsch, und sie könnte heute wieder falschliegen. Die zentrale Annahme der klassischen Volkswirtschaftslehre lautet: »Die Berechnung der Zukunft orientiert sich an der Berechnung der Vergangenheit.« Oder: »Dies ist die Berechnung aller Transaktionen der

Menschen in der Vergangenheit, also ist jenes, auf der Grundlage dieser Berechnungen, die Zukunft.« Sie setzt im Allgemeinen voraus, dass alles genauso weitergeht wie bisher.

Das trifft meistens zu. Aber manchmal eben auch nicht.

Kapitel 5:
Klassische Ökonomie kontra Verhaltensökonomie

Die klassische Ökonomie ist die Institution, die über praktisch jede Transaktion im Leben Daten sammelt. Bereits Ihre Geburt wird dokumentiert, ebenso wie alles, das Sie im Laufe Ihres Lebens tun – Ihre Besuche beim Zahnarzt, Ihre Bildungsabschlüsse, Ihre Fahrkarten und Flugtickets, jede Fahrt zum Supermarkt und ins Einkaufszentrum und was Sie gekauft haben, Ihre Aktienkäufe, Ihre Urlaube, die Ausgaben, die Sie über Ihre Kreditkarte tätigen, Ihre Telefonrechnungen und die Fernsehsendungen, die Sie sich ansehen.

Jede Transaktion in Ihrem Leben wird in den grenzenlosen Archiven der klassischen Ökonomie gespeichert. Am Ende wird auch Ihr Tod dokumentiert und zu all den anderen Informationen über die Menschheit hinzugefügt, die alles belegen, was jemals getan wurde. Diese Zahlen beherrschen alles.

Grundsätzlich ist die klassische Ökonomie die Wissenschaft und Institution, die alle Transaktionen innerhalb eines Lebens dokumentiert und dies für die *Gesamtheit* der Menschen zusammenfasst.

Das Problem beim Einsatz der klassischen Ökonomie zur Vorhersage der Zukunft ist, dass die wirkungsvollsten Faktoren des BIP heute im Bereich von Unternehmergeist und Innovation liegen. Und die sind fast unmöglich zu bestimmen, geschweige denn vorherzusagen. Diese blinden Flecken bergen jedoch mehr Potenzial in sich, als man denkt. In ihnen liegen die Antworten auf folgende ultimative Frage:

Wie hoch ist die Wahrscheinlichkeit, dass ein unvorhersehbares, umwälzendes Ereignis eine plötzliche, außergewöhnliche Welle an Unterneh-

mergeist und Innovation auslösen wird, genau wie die vor dreißig Jahren, die Amerika gerettet hat?

Die Antwort auf diese Frage liegt in der Verhaltensökonomie.

Verhaltensökonomie

Die Verhaltensökonomie bietet eine Datensammlung, die der klassischen Ökonomie nicht widerspricht, sondern sie ergänzt. Für Menschen mit Führungsverantwortung ist dabei nur einfach Folgendes wichtig: Die Informationen der Verhaltensökonomie dokumentieren mathematisch, was Menschen gedacht haben, *bevor* sie etwas taten, *bevor* sie eine Transaktion ausführten. Ein Gefühlszustand, ein Denkschema, eine innere Haltung oder ein Wert ist immer da, *bevor* eine Transaktion stattfindet.

Der große Durchbruch innerhalb der Verhaltensökonomie ist also für die Regierenden, dass man Strategien und Taktiken im *Vorhinein* managen, führen und aufbauen kann, nicht erst im Nachhinein.

Die meisten Akademiker bezeichnen die Verhaltensökonomie als die Wissenschaft von der *freien Entscheidung*. Natürlich beruht alles, was Menschen im Verlauf eines Tages tun, auf ihrer eigenen Entscheidung. Laut Princeton-Professor Daniel Kahneman trifft ein Mensch tagtäglich ganze zehn- bis zwanzigtausend kleine, spontane und einige wenige wichtige Entscheidungen – welche E-Mail er sendet, wo er sitzen will, was er sagen will, was er twittert, welches Taxi er ruft, was er zum Abendessen bestellt, welche Sendung er im Fernsehen ansieht, welches Haus er kaufen und wen er heiraten will.

Diese zumeist kleinen Entscheidungen bilden und bestimmen sämtliche Transaktionen eines Amerikaners, und wenn man sie mit den Entscheidungen über 300 Millionen anderer Amerikaner kombiniert, ergibt die Gesamtzahl der Entscheidungsmomente am Tag genau 3 Billionen. Multipliziert mit 365 Tagen im Jahr ergibt die jährliche Summe von Amerikas kleinen, mittleren und großen Entscheidungsmomenten in etwa 1.000.000.000.000.000 – eine Billiarde.

Die Wissenschaft der Verhaltensökonomie ist die mathematische Quantifizierung der Rolle, welche die menschliche Natur innerhalb dieser Billiarde von Denkmomenten spielt.

Und nun bedenken Sie, dass sämtliche Entscheidungsmomente jedes Einzelnen letztlich mit denen jedes anderen Menschen auf der Welt verknüpft sind. Über Twitter, Facebook, LinkedIn und so weiter werden diese Entscheidungs- und Wahlmomente enger miteinander verbunden denn je.

All die Tausenden von täglichen Entscheidungen, die Sie selbst treffen, in Kombination mit denen aller anderen, können tatsächlich den Verlauf Ihres Lebens verändern, den Kurs Ihres Landes und sogar den der Welt. Die Bevölkerung der ganzen Welt ist über das Denken jedes Einzelnen verbunden.

Wenn Sie den Bus verpassen, verändert das nicht nur Ihr Leben; wenn Sie den Bus verpassen, verändert sich auch der Rest der vernetzten Welt. Vor Jahren hatte ich einen Flug gebucht, der wegen eines heftigen Wintersturms verschoben wurde. Ich lernte eine Frau kennen, während ich am O'Hare-Airport in Chicago am United-Gate 4 feststeckte. Das Zusammentreffen hatte eine Wahrscheinlichkeit von eins zu einer Billiarde, aber es veränderte unser Leben: Wir heirateten und bekamen Kinder, die alle die Welt auf ihre Weise ein kleines Stück verändert haben. Die kleine Entscheidung, mit einer Frau am O'Hare-Flugplatz zu sprechen, wirkte sich auf mein ganzes restliches Leben aus.

Eine andere kleine Entscheidung überrollte den gesamten Mittleren Osten. Im Dezember 2010 beschloss die örtliche Polizei, den Gemüsewagen eines sechsundzwanzigjährigen Tunesiers namens Mohammed Bouazizi zu konfiszieren, was bedeutete, dass er seine achtköpfige Familie nicht mehr ernähren konnte. Er ging zum Polizeihauptquartier der Stadt, um sich bei den Beamten zu beschweren, diese weigerten sich jedoch, ihn anzuhören. Bald darauf steckte Bouazizi sich aus Protest selbst in Brand. Für das tunesische Volk wurde Bouazizis Fall zum Auslöser, und in weniger als einem Monat hatte es die tunesische Regierung gestürzt. Einige Wochen später befand sich Ägypten im Aufstand gegen seine Regierung, zu einem großen Teil durch die Unterstützung eines ägyptischen Google-Marketingleiters, Wael Ghonim. Der ägyptische Präsident Hosni Mubarak wurde vertrieben. So wurde eine Revolution im gesamten Mittleren Osten hervorgerufen. Und all das begann damit, dass eine Polizistin sich entschloss, Mohammed Bouazizis Gemüsewagen zu konfiszieren, und ihm damit seinen Broterwerb wegnahm.

Wir verändern die Welt meist nur ganz wenig, manchmal aber auch sehr stark, wenn wir unsere Tausende von tagtäglichen Entscheidungen treffen, die in unserem eigenen Leben und auch sonst überall Millionen kleiner Wunder hervorbringen. Aber es gibt keine Datensammlung, die dieses unberechenbare, schwer fassbare Phänomen des »Denkens« oder die »innere Einstellung« dokumentiert, kurz *bevor* wir etwas kaufen, etwas essen, irgendwohin fahren, ein Telefonat führen, zur Kirche gehen, uns Kaffee holen, ein Ehrenamt ausüben, ein Team coachen, einen Kunden bedienen, ein Unternehmen gründen, protestieren oder wählen.

Die klassische Ökonomie kann unsere innere Einstellung nicht gut analysieren, weil sie die Transaktionen und Ergebnisse im Nachhinein aufzeichnet. Doch die Regierenden der Länder müssen diese Einstellung kennen, denn jedes Verhalten entsteht durch Entscheidung, und jede Entscheidung entsteht durch eine Haltung oder eine Intention. Und die Intention entscheidet über das Schicksal der Welt.

Die Intention ist eine Naturgewalt, und sie tritt im Vorfeld all dessen auf, was Menschen tun, all der Transaktionen, welche die klassischen Ökonomen dokumentieren. Wir von Gallup versuchen nun, neue Maßstäbe für die Qualität von Führung zu schaffen, indem wir durch Umfragen und Untersuchungen der Verhaltensökonomie des Wohlergehens Intentionen messen – jeden Tag in den Vereinten Staaten und alljährlich bei über 98 Prozent der Weltbevölkerung. Das ist die erste und einzige umfassende, systematische, ständig wachsende Datensammlung der globalen Verhaltensökonomie. Sie stellt die aktuelle Einstellung der Bürger auf der ganzen Welt dar, von ihrer Haltung gegenüber Krieg und Frieden, dem

Stellenmarkt, Innovation, Wohlstand, globalen Migrationsmustern, Gesundheitsversorgung, Hoffnung, ehrenamtlichem Engagement, dem Sicherheitsempfinden, dem Zugang zu sauberem Trinkwasser bis hin zu Nahrung und Unterkunft. Diese Aufzeichnungsmethodik liefert Normwerte darüber, wie es der Welt in Bezug auf die hundert wichtigsten Themen der Verhaltensökonomie geht, die wir herausgefiltert haben.

Zusammengenommen gibt es unendlich viele Kombinationen von inneren Einstellungen und Denkmustern, die auftreten, bevor die klassische Ökonomie Verkäufe und Transaktionen und daraus folgende Beiträge zum BIP feststellen kann. Und jeder Beitrag ist entscheidend, weil jeder Beitrag mit der Schaffung von Arbeitsplätzen zusammenhängt.

Die neue Geheimwaffe

Die Grundenergie von Unternehmergeist und Innovation, der Treibstoff für das BIP, liegt irgendwo in den Mustern und Trends dieser Daten. Denn diese Grundenergie schafft die Bedingungen, die herrschen, bevor ein Wirtschaftssturm losbricht, bevor der freie Unternehmergeist Wachstum und Arbeitsplätze schafft. Einfache innere Haltungen wie Zuversicht, Optimismus, Entschlossenheit, Kreativität, Hoffnung und Antriebskraft, sie alle sind schon *vor* den Entscheidungen da, welche die Transaktionen des Lebens hervorbringen. Und sie sind es auch, die ein plötzliches BIP-Wachstum hervorrufen können.

Wenn die Regierenden die Verhaltensökonomie einer Billiarde Entscheidungsmomente von 300 Millionen Amerikanern in sämtliche strategischen Regierungsüberlegungen mit einbeziehen, dann verändern sie alles. Die Flut menschlicher Energie aus einer Billiarde Momente erzeugt eine Welle von Unternehmergeist und Innovation, die wiederum das BIP und die Zahl der Arbeitsplatzangebote steigen lässt.

Deshalb ist die Verhaltensökonomie die neue Geheimwaffe für alle Regierenden.

Diese Billiarde von inneren Einstellungen und Entscheidungen ist die neue Energiequelle für amerikanischen Unternehmergeist und Innovation und für praktisch alles, was im Zusammenhang mit der Entwicklung der Menschheit geschieht. Wie sich die Haltungen und Denkschemata der Menschen gestalten, so gestaltet sich auch alles andere. Die unaufhörliche, allgegenwärtige Kombination von Entscheidungsmomenten, deren ständiges Interagieren überall im Land und auf der Welt beeinflusst die nationalen und globalen Ergebnisse mehr als irgendein anderes Phänomen.

Die meisten Regierenden wissen, dass sie eigentlich alles haben, was sie brauchen, um die Schaffung von Arbeitsplätzen sofort anzugehen. Doch nur wenige erkennen die Kraft, die in den Entscheidungsmomenten liegt. Stattdessen glauben viele, sie könnten die Schaffung von Stellen irgendwie kaufen. Das wird aber nicht funktionieren.

Nachhaltige Lösungen für die Schaffung von Arbeitsplätzen kann man nicht kaufen. Regierende können Autobahnen kaufen, Brücken, Dämme, militärische Ausrüstung oder Gesundheitsversorgung. Aber was sie nicht kaufen können – oder vielmehr, was der Staat nicht schaffen kann –, sind all die neuen, langfristigen Beschäftigungsverhältnisse, welche die US-Bürger genau jetzt brauchen. Die Amerikaner wissen, wie Erfolg aussieht, aber sie können ihn nicht vom Weißen Haus, vom Kongress oder von den Regierungen der Bundesstaaten oder Städte einfordern.

Die Schaffung langfristiger Arbeitsplätze besteht vor allem aus einer Kombination von Ereignissen. Wie ich bereits erwähnte, ist die Entwicklung des Menschen der Grund für und das Ergebnis von freiem Unternehmertum. Deshalb fällt die Schaffung von Stellen nicht in den Zuständigkeitsbereich der Regierung oder irgendeiner Art von gesetzlich verordneten Lösungen. Gute Jobs entstehen weder durch günstige Kredite noch durch Milliardeninvestitionen in die Innovation. Genau das ist es jedoch, was die Regierenden in Amerika und auf der ganzen Welt immer wieder versuchen.

Was wäre, wenn neue Beschäftigungsverhältnisse eher aus einer seltenen Inspiration geschaffen würden, die einem Empfinden von mehr *Freiheit* entspringt – nicht aus einem höheren Kreditvolumen oder mehr Fördermitteln für Innovation?

Die echte Schaffung von Arbeitsplätzen entsteht aus dem menschlichen Geist, aus der menschlichen Verhaltensökonomie. Im Moment zucken viele kluge Amerikaner angesichts der wirtschaftlichen Bedrohung durch China nur mit den Achseln, weil sie sich sagen, egal, wie gebildet die chinesischen Kinder sind, egal, wie groß der chinesische Binnenmarkt ist, egal, wie gesund Chinas BIP ist, Amerika wird am Ende gewinnen, denn Amerika besitzt einen Vorsprung in Sachen Innovation.

Das ist falsch. China hat jede Menge potenzielle Innovatoren. China verfügt über ein recht ausgeprägtes Unternehmertum. Und alle Welt weiß, dass China ein exzellenter Produzent ist.

Der entscheidende Vorteil Amerikas gegenüber China liegt darin, dass die Amerikaner mehr Freiheit haben. Ich bezweifle, dass viele Regierende in China dies abstreiten würden. Die Amerikaner vertrauen auf die Demokratie ihres Landes und glauben an sie. Dieser Glaube an die amerikanische Demokratie und an Werte wie die Meinungsfreiheit, die höhere Transparenz der Rechtsprechung und ein besserer Schutz des geistigen Eigentums machen den freien Ideenfluss erst möglich und setzen die Kraft von einer Billiarde Entscheidungsmomenten frei – sogar in wirtschaftlich schlechten Zeiten.

Wenn der Unternehmergeist in einem Land oder einer Stadt stark und das Engagement der Bewohner groß ist, dann folgen der Durchbruch im BIP und Stellenwachstum. Ist dagegen der Unternehmergeist am Boden und geht das Engagement zurück, kommt alles zum Stillstand. Die Menschen haben nicht den Willen, neue Unternehmen zu starten. Kleinen oder mittleren Unternehmen fehlen die Zuversicht, der Esprit oder die Vorstellungskraft, um zu expandieren. Das Geschäftsleben stagniert, genau wie es jetzt gerade der Fall ist. Die meisten Politiker würden sagen, die Banken verleihen nichts. Laut Gallup trifft das nicht zu. Die kleinen und mittleren Unternehmen beantragen keine Kredite, weil sie nicht in der Verfassung sind, etwas zu riskieren und zu expandieren – weil ihnen die Zuversicht fehlt, weil sie nicht den nötigen Antrieb haben, um zu expandieren.

Es ist das Gefühl *mangelnder Zuversicht*, das diese Unternehmen bremst, kein rationaler Grund wie *mangelnde Kredite*. Die klassischen Ökonomen können gegen dieses Problem nichts tun. Die Regierenden müssen sich mit der inneren Einstellung befassen, die von den Daten der Verhaltensökonomie abgebildet wird, einen anderen Ausweg gibt es nicht.

Die klassische Ökonomie nimmt an, dass alles, was Menschen tun, auf rationalem Denken beruht. Menschen tätigen Käufe oder Transaktionen für ihr Leben auf der Basis von etwas Rationalem wie Geld. Die klassische Ökonomie behauptet, dass alle Entscheidungen vorhersagbar sind, weil der Mensch rational und leidenschaftslos ist.

Die Verhaltensökonomie dagegen geht davon aus, dass der Mensch eher irrational als rational handelt, wenn er Lebensentscheidungen trifft.

Warum zum Beispiel verkaufen Leute oft die Aktien, die sich am besten entwickeln, und behalten jene mit dem geringsten Wert, wenn sie Geld brauchen? Die Antwort liegt irgendwo in der Tatsache begründet, dass es sich schlimmer anfühlt, 100 Dollar zu verlieren, als 100 Dollar zu finden.

Meine Kenntnis der jahrzehntelangen Gallup-Forschung im Bereich Verhaltensökonomie hat mich zu der Schlussfolgerung gebracht, dass menschliche Entscheidungen im Allgemeinen zu 70 Prozent emotional und zu 30 Prozent rational sind. Das soll nicht heißen, dass die Menschen ihren Emotionen ausgeliefert sind. Vielmehr müssen sie das Gefühl haben, dass die Umstände passen, bevor sie eine Gelegenheit ergreifen.

Wenn Amerika also schnell wiederhergestellt werden soll, dann braucht es mindestens 5 Millionen gute Arbeitsplätze, und zwar sofort, sowie mindestens 10 Millionen neue gute Stellen binnen fünf Jahren. Diese Jobs können nicht »startbereit« von der Regierung geliefert werden, denn es müssen langfristige Beschäftigungsverhältnisse sein, die organisch aus dem Esprit der Menschen entstehen, durch Unternehmertum und Innovation.

Unternehmer und Innovatoren bauen eher kleine Unternehmen auf als große. Unternehmensgiganten tendieren zum Stellenabbau. Das ist in Ordnung, denn diese Jobs gehen durch die Übernahme von Wettbewerbsunternehmen und den Abbau von Doppelbesetzungen verloren. Für die Wirtschaft ist das auf lange Sicht eigentlich gesund; die großen Unternehmen nehmen eine Auslese ihrer Ressourcen vor und folgen damit einem überlebenswichtigen Naturgesetz. Die natürliche Auslese der Ressourcen ist gesund, aber sie schafft keine neuen Arbeitsplätze.

Fast alle neuen Jobs werden durch Unternehmensgründungen und kleine oder mittlere Unternehmen geschaffen. Nochmals: Große Unternehmen sind entscheidend für das Ökosystem der freien Wirtschaft eines Landes, denn sie sind die Kunden der kleinen und mittleren Unternehmen, auch der großen und kleinen Wohlfahrtsunternehmen, und sie zeichnen fast für den gesamten Export verantwortlich.

Der einzige Ausweg

Aber im Moment läuft dieser Prozess viel zu langsam. Amerikas einziger Ausweg ist, sein BIP viel schneller zu erhöhen als es momentan wächst, und es an der Spitze oder zumindest auf gleicher Höhe mit dem Rest der Welt zu halten, besonders mit China und Indien. Das geht aber nur, wenn die Unternehmen, besonders die kleinen und mittleren, in die Gänge kommen und *schneller wachsen*. Solange das amerikanische BIP nicht mit einer konstanten Rate von 4,5 Prozent oder mehr wächst, wird es in Amerika keine guten neuen Arbeitsplätze in einer blühenden Wirtschaft geben. Diese Wachstumsrate reicht aus für ein spürbares, nachhaltiges Wachstum an Jobangeboten, aber damit wird Amerika die Welt nicht zurückgewinnen.

Gallup hat alle Daten aus seinen Erhebungen in den USA und weltweit in der Tiefe und Breite analysiert. Wir haben sämtliche makroökonomischen Daten über die Schaffung von Arbeitsplätzen untersucht, in praktisch jedem Winkel der Erde. Wir haben das gesamte Material hinsichtlich der Trends in der Weltwirtschaft analysiert und dabei die führenden Köpfe der Welt hinzugezogen. Wir bei Gallup sind uns ziemlich sicher, dass wir mehr Daten in ihren unendlichen Kombinationen untersucht haben als irgendeine andere Institution auf der Welt, zumindest was das Thema Stellenmarkt betrifft.

Folgendes habe ich aus der Arbeit bei Gallup gelernt: Amerika braucht ein BIP-Wachstum von 5 Prozent, um seine Führungsrolle in der freien Welt aufrechtzuerhalten. Das genügt, um den Vorsprung vor China aufrechtzuerhalten, denn China muss noch viele ernsthafte Probleme überwinden. Doch diese BIP-Steigerung wird allein von der Entstehung und dem Wachstum kleiner bis mittlerer Unternehmen ausgehen, von nichts anderem. Das ist nur wenigen Regierungsverantwortlichen bekannt.

Aber niemand weiß so recht, wie man gute, nachhaltige Arbeitsplätze schafft, besonders in dem enormen Ausmaß, von dem ich hier spreche und das Amerikas BIP zum Boomen bringen würde. Schlimmer noch, dieses enorme Ausmaß lässt den Einzelnen aus dem Blickfeld verschwinden – den Menschen, der nichts weiter will als einen guten Job.

Aber genau hier liegt der Schlüssel: Der Einzelne *ist* die Weltwirtschaft. Jeder Einzelne ist auf seine Weise die Quelle einer Energie, die zu mehr Arbeitsplätzen führen kann. Jeder Einzelne ist ein Wirtschaftsmotor. Die Gesamtheit der Entscheidungen, die Menschen jeden Tag treffen, *ist* die Wirtschaft. Alle Entscheidungen zusammen – Ihre und meine und die von jedem anderen – sind die Wirtschaft. Eine Wirtschaft steigt und fällt mit dem kollektiven Bewusstsein der Menschen. Amerikas Wirtschaft ist nicht riesenhaft und vage; sie beginnt bei jedem Einzelnen. In ihr hängt alles mit allem zusammen. Wir können sie verändern.

Und der Ort, an dem man sie am besten verändern kann, so hat Gallup herausgefunden, liegt auf lokaler Ebene: in der Stadt.

Kapitel 6:
Die Stadt

Wenn Sie mich fragen: »Aufgrund aller Daten, die Sie bis jetzt analysiert haben – woher, glauben Sie, wird der nächste Durchbruch kommen, so wie das Internet?«, dann wäre meine Antwort: *Aus dem Zusammenwirken der Kräfte in den großen Städten, von den hervorragenden Universitäten und den starken Führungspersönlichkeiten auf lokaler Ebene.* Diese drei Aspekte erzielen eine Lösung, die äußerst verlässlich und kontrollierbar ist. Aus der Kombination dieser drei bildet sich mit allerhöchster Wahrscheinlichkeit die Lösung für Amerikas größtes aktuelles Problem.

Der Eckstein dieser drei Faktoren sind die Städte, vor allem Amerikas Top-Städte. Jede Stadt zählt und kann einen Beitrag leisten. Aber so, wie die hundert wichtigsten amerikanischen Städte regiert werden, so wird auch die wirtschaftliche Zukunft des Landes verlaufen.

Natürlich gibt es große Unterschiede in den Wirtschaftsergebnissen der Städte, wie auch bei Organisationen und Standorten. Austin ist aufgeblüht, in Albany ging es bergab. Sioux Falls boomt, Sioux City nicht. Bedenken Sie, wie stark sich die Ergebnisse Detroits von denen San Franciscos unterscheiden. Detroit entwickelte sich von einem der geschäftigsten Wirtschaftsstandorte der Welt zu einer Stadt, die auf äußerst spektakuläre Weise gescheitert ist. Dagegen könnte man behaupten, dass die Bürger von San Francisco das Land und den nationalen Arbeitsmarkt gerettet haben, indem sie an der Spitze des Technologiebooms lagen. Die eine Stadt ist eine Belastung für Amerika, die andere rettet das Land immer wieder.

Global gesehen ist die Diskrepanz zwischen einzelnen Städten noch viel größer. Nehmen Sie den Unterschied zwischen Havanna und Singapur. Lee Khuan Yew gründete das moderne Singapur ungefähr zur selben Zeit und unter ähnlichen Bedingungen wie Fidel Castro das moderne Kuba. Singapur ist heute eine der fortschrittlichsten modernen Gesellschaften der Welt mit einer boomenden Wirtschaft und einem hervorragenden Arbeitsmarkt; Havanna ist ein ökonomisches und soziales Desaster. Die eine Stadt hat es geschafft, die andere nicht. Der Unterschied zwischen beiden ist in erster Linie das Resultat der lokalen Regierung.

Amerika kann nur dann seine größten Probleme lösen und die Weltführung zurückgewinnen, wenn zuerst auf der Ebene der Städte angesetzt wird. Letztlich muss jede Lösung auf lokaler Ebene stattfinden.

In den Städten gibt es bereits bestehende, starke Führungsteams. Es gibt eine natürliche Ordnung in Stadträten, in der Wirtschaft vor Ort und in wohltätigen Einrichtungen. In jeder Stadt gibt es starke, verantwortungsvolle Führungspersönlichkeiten, die in zahlreichen Komitees und Initiativen tätig sind, um das Wirtschaftswachstum der Region zu fördern – nennen wir es das Stadt-BIP – und Arbeitsplätze zu schaffen. Der Kraftakt, den diese Führungspersönlichkeiten vollbringen, verdoppelt ihre unternehmerischen Energien, weil sie damit ihre Kräfte vor Ort bündeln.

Sie haben Erfolg, indem sie den »Krieg« um Arbeitsplätze erkennen und annehmen.

Ich verwende den Begriff »Krieg« nicht leichtfertig. Es muss diesmal wirklich ein Krieg sein, gegen den Verlust von Arbeitsplätzen, gegen den Verlust von Engagement am Arbeitsplatz, gegen die Kosten der Gesundheitsversorgung, gegen die niedrige Quote der Schulabschlüsse, gegen den Verlust von Know-how und gegen mangelndes Engagement der Kommunen. Diese Dinge zerstören die Städte, das Jobwachstum und das Stadt-BIP. Jede Stadt braucht einen Masterplan, und der ist ebenso wichtig wie ein Schlachtplan im Krieg.

Dieser Plan muss folgende Ziele anvisieren:

1. *Erkennen Sie, dass die wichtigsten Lösungen auf lokaler Ebene statt-finden.* Schwache Führungsverantwortliche auf lokaler Ebene richten den Blick nach Washington und warten auf weitere Gesetzespakete, Förderungen und mehr Geld für Forschung und Entwicklung, um ihre Probleme zu lösen. Aber was sie brauchen, um Jobs zu schaffen – Unternehmer, die Energie der Unternehmen und eine starke Hand, die das alles zusammenführt –, all das haben sie schon vor Ort, denn die Städte sind mit höchster Wahrscheinlichkeit die Quelle der Schaffung von Arbeitsplätzen. 2009 floss fast die Hälfte aller Venture-Capital-Gelder in Amerika in vier Städte: New York, Palo Alto, Seattle und Sunnyvale. Die Frage, die sich hier aufdrängt, ist also: Warum schafft die Bay Area so viel Wirtschaftskraft und Detroit nicht? Beide haben dieselbe Staatsregierung. Sie arbeiten unter denselben Gesetzen und Regeln. Aber San Francisco und Silicon Valley haben eine Kultur geschaffen, die auf Innovation reagiert und Unternehmensmodelle schafft wie kein anderer Ort der Welt. Städte, die so etwas tun, werden zum Anziehungspunkt für die talentiertesten Menschen in der Welt.

2. *Führen Sie Ihre ganze Stadt in den Kampf um die Arbeitsplätze.* Jeder, der für irgendetwas verantwortlich ist, muss den Stellenmarkt im Fokus haben. Wer sich von diesem Ziel abbringen lässt, den sollten Sie abwählen. Seien Sie kompromisslos. Wenn der Fahrradweg nichts mit der Schaffung von Arbeitsplätzen zu tun hat, gibt es keinen Fahrradweg. Wenn die Änderung des Bebauungsplans die Aussichten auf Arbeitsplätze verbessert, ändern Sie ihn. Aber es geht hier nicht um irgendwelche Jobs – Sie brauchen gesicherte Beschäftigungsverhältnisse. Der Kampf um den Stellenmarkt wird mit qualifizierten Arbeitsplätzen gewonnen. Richten Sie alles auf diese Arbeitsplätze aus. Der Trend in der globalen Wirtschaft geht in Richtung qualifizierte Arbeitskraft. Sie können in Ihrer Stadt ein Schlachthaus bauen, aber das kann nicht die vorrangige Strategie für die Stellenbeschaffung sein.

Gute Arbeitsplätze werden von Unternehmern geschaffen, die mit Innovatoren zusammenarbeiten und erfolgreiche Unternehmensmodelle entwerfen. Der Kampf um die Stellen sollte der Grund sein, warum die Stadtoberhäupter morgens aufstehen, er sollte sie den ganzen Tag lang beschäftigen und sie nachts nicht schlafen lassen.

3. *Bündeln Sie die Kräfte der Stadt.* Jede Stadt braucht ein Team, das an der Bündelung, Zielorientierung und strategischen Ausrichtung aller Unternehmen und Institutionen jeglicher Art vor Ort arbeitet und sie damit auf ein gemeinsames Ziel ausrichtet. Gleichzeitig muss die ganze Stadt sich auf hochkoordinierte Weise beteiligen und nach demselben Schlachtplan vorgehen, um am Ende den Sieg davonzutragen.

4. *Lassen Sie nicht zu, dass Ihre Bürger den Blick nach Washington richten.* Was Washington für Sie bereithält, ist nicht nachhaltig, schlimmstenfalls sogar ungesund. Geschenktes Geld macht am Ende nur noch abhängiger. Geschenktes Geld, staatliche Förderungen, mehr Bürokratie, weniger Selbstbestimmung – all das schwächt die Initiative des Einzelnen, das Leistungsprinzip und den freien Unternehmergeist und damit die Konkurrenzfähigkeit. Wenn Sie wollen, dass Ihr Stadt-BIP wächst und neu aufgeladen wird, dass es zu neuem Leben erwacht, wenn Sie einen Brain-Gain wollen und qualifizierte Arbeitsplätze, dass wieder Leben ins BIP kommt und dass es auch in Zukunft gedeiht, dann erwarten Sie keine Lösungen vom Staat. »Alles findet auf lokaler Ebene statt«, dieser Satz ist bei der Schaffung von Arbeitsplätzen so wahr wie kein zweiter. Sie müssen Ihrer Stadt selbst die Starthilfe geben.

Zur Verteidigung der Regierung in Washington muss man sagen, dass sie ursprünglich nicht zu dem Zweck eingerichtet wurde, der Wirtschaftsmotor des Landes zu sein. Die Regierung der USA hat ganze Branchen angesiedelt, durch Landschenkungen an Universitäten, Rüstungskonzerne und wissenschaftliche wie medizinische Forschungsinstitute, um nur einige zu nennen. Aber was die Regierung niemals getan hat, niemals tun wird und was man auch nicht von ihr erwarten sollte, ist das Ankurbeln des dringend benötigten nachhaltigen Wirtschaftsbooms. Wirtschaftliche Aufschwünge haben ihren Ursprung im Herzen einzelner Menschen und herausragender Städte. Washington ist für Recht und Ordnung da, für Krieg oder Frieden, Infrastruktur, Sozialleistungen und die verschiedensten nationalen und internationalen Richtlinien, die das Land zusammenhalten. Aber suchen Sie hier nicht nach nachhaltigem, tragfähigem Wirtschaftswachstum.

Washington ist von Haus aus schlecht in der Schaffung von Arbeitsplätzen. Das freie Unternehmertum ist wohl der bedeutendste Teil der *Freiheit*, die unsere Gründerväter uns hinterließen. Die Regierung der USA ist gut. Man muss nur das Richtige von ihr erwarten.

Lokale Führungspersönlichkeiten

In allen prosperierenden Städten gibt es eine selbst organisierte, nicht gewählte Gruppe von talentierten Personen, die diese Städte beeinflussen und lenken – nennen wir sie lokale Führungspersönlichkeiten. Das sind Leute, denen der Erfolg ihrer Stadt sehr am Herzen liegt: Philanthropen, Stadtväter und -mütter, Leiter von Unternehmen und andere stark engagierte Bürger, die zum Wohl ihrer Stadt vieles bewegen. Meist ist das, was der Stadt guttut, am Ende auch zum Vorteil für die lokalen Führungspersönlichkeiten, aber die Motivation dieser führenden Köpfe liegt nicht nur im Eigeninteresse. Sie handeln aus Liebe zu ihrer Stadt und den Menschen, die darin leben.

Lokale Führungspersönlichkeiten sind loyal, überaus erfolgreich, meist wohlhabend, respektierte und bekannte Persönlichkeiten. Für gewöhnlich findet man sie auch in den Vorständen von verschiedenen Nonprofit-Organisationen, oft Stiftungen, wo sie daran arbeiten, ihre Stadt ein Stück besser zu machen.

Lokale Führungspersönlichkeiten sind das Gegenteil von »Heuschrecken«, Menschen, die ihre Macht dazu missbrauchen, Städte und Länder zum eigenen Vorteil rigoros auszuplündern. Lokale Führungspersönlichkeiten sind keine Ausbeuter, weil sie all das nicht nur für sich selbst tun. Es geht den lokalen Führungspersönlichkeiten um den Erfolg der gesamten Gemeinde und aller Menschen darin. Sie sind uneingeschränkt loyal gegenüber ihrer Heimat, und aus vielerlei Gründen würden sie niemals von dort wegziehen.

Eines der besten Beispiele dafür ist Warren Buffett mit seiner Loyalität zu Omaha, Nebraska – nicht zu New York oder irgendeiner anderen Finanzkapitale. Er wohnt noch immer in demselben Stuckhaus, das er 1958 gekauft hat, und arbeitet seit fast fünfzig Jahren im Kiewit-Plaza-Gebäude. Seit Jahrzehnten leistet er einen erheblichen Beitrag zum Wirtschaftswohl seiner Stadt, und es besteht nicht die Spur einer Gefahr, dass er jemals von dort wegzieht.

Lokale Führungspersönlichkeiten sind oft, aber nicht *nur* Philanthropen. Diese führenden Köpfe investieren ihre Zeit, ihr Geld und ihr Talent in bildende Künste, in Jugendförderprogramme, in das Erscheinungsbild ihrer Stadt – alles zum Wohl der Allgemeinheit, aber in erster Linie geht es ihnen darum, dass ihre Stadt an Wert gewinnt. Aus diesem Grund investieren sie eine Menge Zeit, Geld und Einfluss in die unsichtbaren Dinge, die Gemeinden aufblühen lassen.

Wohlgemerkt, zu den lokalen Führungspersönlichkeiten zählen *nicht* die aktuellen öffentlichen Amtsträger. Ein pensionierter US-Senator oder ein ehemaliger, in weiten Kreisen beliebter Bürgermeister könnten lokale Führungspersönlichkeiten sein, aber überwiegend handelt es sich um hochengagierte und verantwortungsbewusste CEOs, die größere Unternehmen und Institutionen leiten, um Präsidenten von Universitäten, Krankenhäusern und Stiftungen, um erfolgreiche lokale Stars jeder Art und um alteingesessene, prominente Familien.

Das macht die lokalen Führungspersönlichkeiten zur natürlichen Quelle von Wirtschaftswachstum. Sie kennen die Leute, mit denen man sprechen muss, sie wissen, welche Hebel man ansetzen muss, und sie bringen etwas zustande. Wenn sie zusammenarbeiten, können sie Dinge vollbringen, die *sonst niemand* schafft. Lokale Führungspersönlichkeiten bilden meist talentiertere Gruppen und haben breitere Netzwerke und mehr Zugang zu anderen talentierten Menschen als Stadtverwaltung und Bürgermeister.

Wenn ein neues Jugendzentrum im Stadtzentrum gebraucht wird, können die lokalen Führungspersönlichkeiten das organisieren. Wenn sich Ihre Stadt für die nächsten Paralympics bewerben will, müssen Sie nur die lokalen Führungspersönlichkeiten für die Sache gewinnen. Ob Sie versuchen, eine neue Firmenzentrale in Ihre Stadt zu bringen, ein Baseballteam oder ein gigantisches neues Programm zur Entwicklung des Tourismus, wenn Sie mehr Grünflächen wollen, einen neuen Flughafen oder ein supercooles Museum für Kinder – für all das brauchen Sie die lokalen Führungspersönlichkeiten.

Der regionale Regierungsvertreter, der Bürgermeister, die Lokalpolitiker und Stadträte werden Sie unterstützen, aber diese Leute haben nicht so viel Einfluss, Geld, Beziehungen, Handlungsfreiheit oder Kontakt zu talentierten Leuten wie die lokalen Persönlichkeiten. Doch egal wie viel die lokalen Führungspersönlichkeiten in den amerikanischen Top-Städten tun, das allein reicht noch nicht aus.

Nur zehntausend führende Köpfe

Nehmen wir an, es gebe im Durchschnitt hundert Stadtväter und -mütter pro Stadt in den wichtigsten hundert Städten. Natürlich gibt es viel mehr als hundert in den großen Städten und weniger als hundert in kleineren Städten. Diese Zahlen sind nur ganz grob, und manche behaupten sogar, dass es in jeder Stadt, egal welcher Größe und überall auf der Welt, nur fünf davon gibt. Aber ich habe festgestellt, dass ihre Zahl im neuen Jahrtausend deutlich höher ist, als die Theorien aus der jüngsten Vergangenheit annehmen. Das bedeutet, dass nur etwa zehntausend Menschen die Führung und Leitung des Kraftakts innehaben, erst fünf, dann zehn Millionen Arbeitsplätze zu schaffen. Es bedeutet, dass nur zehntausend führende Köpfe darüber entscheiden, ob die USA die Führungsrolle in der freien Welt an China abtreten müssen.

Wenn die Städte also der Kern der Energie sind, die für die Schaffung von Arbeitsplätzen nötig ist, wenn also gilt: »Alles wird auf lokaler Ebene entschieden« und »Wie die lokalen Führungspersönlichkeiten ticken, so tickt die Seele einer Stadt«, dann folgt daraus, dass die Zukunft der Vereinigten Staaten vom Führungserfolg oder -misserfolg von nur zehntausend hoch einflussreichen Amerikanern abhängt. Diese sind wohl die wichtigsten führenden Köpfe in den Vereinigten Staaten, weil die Schaffung von neuen Arbeitsplätzen in erster Linie von ihnen abhängt. Auch wenn zehntausend lokale Führungspersönlichkeiten nicht sehr viele sind, so entscheiden größtenteils doch genau sie darüber, ob Amerika den Wirtschaftsmotor neu startet, von dem die ganze Republik abhängt.

Stadträte und Regierungen der Bundesstaaten, all die Abgeordneten in den Vereinigten Staaten sind wichtig. Doch die Städte brauchen viel mehr, als sie leisten können, und die Führungspersönlichkeiten sollten die Verantwortung für diese Abgeordneten übernehmen. Wenn Sie einen schwachen Bürgermeister haben, geht es mit Ihrer Stadt bergab. Wenn Sie mittelmäßige Stadträte haben, geht es mit Ihrer Stadt bergab. Wenn Sie ein Team aus jämmerlichen Führungskräften in Ihrem Bildungsausschuss haben, geht es mit Ihrer Stadt bergab. Wenn Sie einen Haufen unfähige Politiker im Parlament sitzen haben, geht es mit Ihrem Bundesstaat bergab.

Wenn Sie beobachten, dass Abgeordnete mit zweifelhaftem Talent auf den fünfhunderttausend Posten überall im Land und besonders in Ihrer Stadt regieren, dann ist das die Schuld der lokalen Führungspersönlichkeiten und die all der zentralen Mentoren vor Ort in vielen Lebensbereichen, weil sie nicht engagiert genug sind, um hochtalentierte Menschen so weit zu bringen, für ein Amt zu kandidieren. Plato machte eine sehr schmerzliche, aber treffende Beobachtung: »Eine Strafe dafür, dass man sich nicht in der Politik engagiert, ist, dass man am Ende von Leuten regiert wird, die weniger qualifiziert sind als man selbst.«

Das ist die gesamtwirtschaftliche Perspektive. Amerika gewinnt die Welt zurück, indem es Unternehmertum und Innovation im Land um eine Stufe anhebt. Doch das kann nur mithilfe der effektiven führenden Köpfe vor Ort gelingen. Die Amerikaner müssen die Spielregeln richtig lesen – und bis jetzt tun sie das nicht. Nur wenige erkennen die große Bedeutung der Städte, ganz zu schweigen von jener der lokalen Führungspersönlichkeiten. Wenn Ihre Stadt scheitert, dann wahrscheinlich, weil die Führung schwach und wenig talentiert ist, weil das Engagement zu gering ist und zu wenig Geldmittel von den Führungspersönlichkeiten kommen. Talentierte und effektive lokale Führungspersönlichkeiten sind für die Städte von wesentlicher Bedeutung. Die Mentorenfunktion, die sie erfüllen, ist von wesentlicher Bedeutung für die Leute, die Arbeitsplätze schaffen.

Super-Mentoren

Die Helden, die Amerika an diesem Punkt in der Geschichte braucht, sind die Mentoren, die kleine Unternehmen zum Erfolg führen, anleiten, ermutigen und betreuen; das ist der Moment, in dem der Funke überspringt und eine Stadt oder ein Land retten kann.

Mein verstorbener Vater, Don Clifton, unterrichtete an der Universität von Nebraska-Lincoln. Mitte der 1950er-Jahre leitete er ein Forschungsprojekt über Rekruten eines Trainingskorps von Reserveoffizieren, durch das man den Erfolg oder Misserfolg der Führungskandidaten genau vorhersagen konnte. Der Kanzler der Universität interessierte sich für diese Ergebnisse. Mein Vater hatte keine Ahnung, welchen kommerziellen Wert seine Forschungen hatten, bis der Kanzler ihn in sein Büro bestellte und ihm erklärte, wenn er einen ähnlichen Test entwickle, um Führungskräfte für Unternehmen zu identifizieren, dann könne er damit eine Firma gründen.

Mein Vater hatte unerhörten Respekt vor dem Rat des Kanzlers, und seine Worte gaben ihm Zuversicht und Optimismus. Er ging es sofort an und gründete eine Firma. Das kleine Unternehmen entwickelte sich gut. Bald wurden weitere Mitarbeiter eingestellt, und am Ende schuf die Firma Hunderte von Arbeitsplätzen in seiner Stadt.

So wurde sie eines von Tausenden kleinen bis mittleren Unternehmen, die 50 Prozent von Amerikas gesamtem BIP ausmachten und 50 Prozent der Gesamtzahl an Arbeitsplätzen stellten. Ausgelöst wurde das Ganze durch ein einziges Gespräch und einen Super-Mentor.

Fast jeder kann ein Super-Mentor sein, doch nicht sie selbst sind die Innovatoren oder die Unternehmer. Sie sind diejenigen, die das Feuer in den Innovatoren und Unternehmern entfachen. Super-Mentoren sind bereit, für einen Einzelnen oder eine Idee ein Risiko auf sich zu nehmen. Sie sind der letzte kleine Funke Energie, der ein Geschehen tatsächlich auslöst. Sie ermutigen auch kleine und mittlere Unternehmen, Risiken einzugehen. Sie helfen einem Unternehmer, einen Banker zu finden, sie geben Ratschläge, packen mit an oder stärken dem Unternehmer in kritischen Zeiten den Rücken, und oft sitzen sie mit im Vorstand. Das ist ein essenziell wichtiger Aspekt bei der Schaffung von neuen Arbeitsplätzen.

Super-Mentoren erzeugen die verhaltensökonomischen Variablen, die alles möglich machen: Zuversicht und Handeln.

Der Gründer unserer Organisation, George Gallup, erzählte mir von dem Tag, als er vom Schreibtisch aufblickte und einen jungen Angestellten vor sich stehen sah. Der Angestellte sagte, er finde, Gallup solle in die Werbebranche gehen. Dr. Gallup sagte, er sei nur an weltweiten Erhebungen interessiert, aber er halte das für eine tolle Idee, und er werde ihm dabei helfen. Dr. Gallup ermutigte den jungen Mann, die neue Werbeagentur in seinem Büro zu starten, sagte ihm, er könne die Schreibmaschine behalten, solle sich ein paar Kunden suchen und dann in eigene Räume umziehen, sobald es gut liefe.

Der junge Angestellte hieß David Ogilvy, und er machte sich auf und baute eines der großartigsten Werbeunternehmen der Welt auf, Ogilvy & Mather. Dr. Gallup hatte nichts davon. Seine einzige Rolle bei der Gründung des heute weltberühmten Unternehmens bestand darin, Ogilvy zu ermutigen, zu beraten und ihn in seiner neuen unternehmerischen Aufgabe zu unterstützen. Kein Geld, keine Aktien, kein Gehalt – nur Mentoring, und nur zugunsten von Ogilvy. Für den Rest seines Lebens dankte Ogilvy George Gallup immer wieder in Ansprachen und Veröffentlichungen.

Und das ist nur eines von über hundert Spin-out-Unternehmen, deren Konzepte sich Gallup-Angestellte ausgedacht haben und die sie aus dem Unternehmen heraus erfolgreich umgesetzt haben. Doch unsere Zahlen verblassen im Vergleich zu jenen von Unternehmen wie IBM, das Zehntausende großartige Organisationen »ausgebrütet« oder ihre Entstehung veranlasst hat, darunter auch Microsoft und Intel. Heute produziert Google Hunderte von Spin-out-Start-ups. In ihrer Gesamtheit »züchten« Arbeitsstätten mit Raum für Ideen buchstäblich Millionen neuer Unternehmen heran. Aus Arbeitsstätten mit niedriger Energie und ohne Raum für Ideen entsteht praktisch nichts.

Wenn Sie mich jetzt bitten, sämtliche Forschungen und Beobachtungen über die Schaffung von Arbeitsplätzen zu betrachten und den besten amerikanischen Mentor der letzten dreißig Jahre zu bestimmen, dann wären Sie vielleicht überrascht von meiner Antwort, denn die lautet: Al Gore.

Ich würde meinen ganzen Besitz darauf verwetten, dass es innerhalb der letzten dreißig Jahre nicht dieses überraschende und plötzliche BIP-Wachstum von 100 Billiarden Dollar gegeben hätte ohne die Initiative von Al Gore, die dafür die Voraussetzungen geschaffen hat. (100 Billiarden Dollar ist die Summe, um die das US-amerikanische BIP in dreißig Jahren die Prognosen übertroffen hat.) Dies ist ein Beispiel dafür, wie die Regierung – ohne selbst Arbeitsplätze oder bedeutende Unternehmensmodelle zu schaffen – den Anstoß für eine Neuentwicklung gab, welche die Unternehmen kommerziell nutzen konnten. Und sie haben sie genutzt.

Vinton Cerf ist weithin bekannt als der »Vater des Internets«. Als Cerf und seine Kollegen 1972 in den DARPA-Laboren im US-Verteidigungsministerium arbeiteten, schufen sie das TCP/IP-Protokoll, mit dem man Daten paketweise über Telefonverbindungen transportieren konnte, später über Radiowellen und schließlich über Glasfaserkabel. Es war der Durchbruch einer Erfindung, die man später das Internet nennen sollte.

Cerf und seine Kollegen hatten ihr eigenes Internet um die Welt gespannt, vor allem zur Kommunikation für Verteidigungszwecke. Das Verteidigungsministerium brauchte so etwas, denn mit Cerfs Internet konnte man Informationen an einen sicheren Ort transportieren, selbst im Falle eines Weltkriegs, einer Naturkatastrophe oder eines Angriffs auf Amerikas Systeme. Das entspricht in seiner Bedeutung ungefähr dem Moment, als die Gebrüder Wright in Kitty Hawk ihr Flugzeug dazu brachten, in den Himmel abzuheben. Deshalb ist Cerf weithin als »Vater des Internets« bekannt. Doch die Anwendung des Internets war nur für das Verteidigungsministerium vorgesehen, der Rest der Welt hatte davon noch nichts erfahren.

Im Jahr 1986 begab sich Senator Gore in Cerfs Büro und fragte ihn, was es Neues gebe. Als Gore erfuhr, was Cerf und seine Teams geschaffen hatten, schlug er vor, sie sollten das den Unternehmen anbieten, damit sie herausfanden, ob sie etwas damit anfangen könnten. Cerf selbst sagt, dass er den Sinn von Gores Vorschlag nicht so ganz verstand, weil er keinen direkten kommerziellen Nutzen sah.

Man verabschiedete einen Gesetzesentwurf namens »High Performance Computing and Communication Act of 1991«, der später als »Gore-Gesetz« bekannt wurde. Er ließ die Nutzung dieser innerhalb des Verteidigungsministeriums neu entdeckten Technologie auch für Unternehmen und Industrie zu – und der Rest ist Geschichte.

Stellen Sie sich Amerikas Wirtschaft und Weltordnung vor, wenn dieses einfache Gespräch zwischen Vinton Cerf und Al Gore niemals stattgefunden hätte. Was, wenn irgendetwas dazwischengekommen wäre – wenn ein Meeting verlegt oder ein Flug wegen des Wetters gecancelt worden wäre? Es war einer der Billiarden Momente, in denen Denken und Energie bei Cerf und Gore genau zusammentrafen.

Natürlich fingen als Nächstes die verschiedensten dynamischen Entrepreneure den Ball auf – Bill Gates, Paul Allen und Steve Balmer, Steve Jobs, Andy Grove, Meg Whitman, Michael Dell, Teams von IBM und HP und so weiter. Die perfekte Kombination aus Unternehmertum und Innovation erlebte einen rasanten Aufschwung und rettete Amerikas Platz in der Welt.

Amerika erhob sich zu neuer wirtschaftlicher Dominanz und erhielt den Status als führende Nation der freien Welt aufrecht. Die Vereinigten Staaten gewannen wieder einmal den Kampf um die Wirtschaftsmacht, und dies größtenteils aufgrund jenes einen Gesprächs, eines Zusammentreffens, das einen seltenen historischen Erfindergeist mit Geschäftssinn und Unternehmertum verknüpfte.

Ohne jenes Gespräch zischen Cerf und Gore hätte es wahrscheinlich niemals eine Internettechnologie gegeben, welche die US-Wirtschaft retten und die Welt verändern sollte. Es hätte nicht diesen überraschenden BIP-Überschuss von 100 Billiarden Dollar in dreißig Jahren gegeben. Die Vereinigten Staaten von Amerika hätten ihre globale Wirtschaftsführerschaft aufgeben müssen, und das hätte das Leben im Land mehr als alles andere seit seiner Gründung verändert. Doch der Arbeitsmarkt in Amerika war gerettet, und dank der Vermarktung des Internets und der Unternehmen, die in dessen Umfeld wie Pilze aus dem Boden schossen, wurden Millionen von Arbeitsplätzen geschaffen.

Das führt uns zum zentralen Punkt: der Rolle Al Gores. Er war nicht selbst der Erfinder des Internets, ebenso wenig war er der Unternehmer. Al Gore war ein *Super-Mentor*. Er stellte die Verbindung her zwischen den Erfindern und der unternehmerischen Energie, indem er ein Gesetz durchbrachte, das der Wirtschaft den Zugriff auf das Internet ermöglichte. Er sah etwas und handelte, wo andere tatenlos blieben. Er war die Schlüsselfigur.

Um die Führung in der Weltwirtschaft zurückzugewinnen, braucht Amerika hoch einflussreiche Führungsverantwortliche, die sagen: »Hey, das hat kommerzielles Potenzial. Die Kunden werden das haben wollen. Diese Erfindung könnte die Grundlage für ein Unternehmen oder für Zehntausende Unternehmen sein. Sie könnte ein Wirtschaftsmotor unserer Stadt sein, unser BIP ankurbeln und Arbeitsplätze entstehen lassen.«

Universitäten

Auf der Makroskala betrachtet haben Städte mit inspirierten Arbeitskräften gegenüber Städten mit uninspirierten Arbeitskräften einen Vorsprung, was die Schaffung von Arbeitsplätzen betrifft. Und Städte mit hochtalentierten lokalen Führungspersönlichkeiten sind von wesentlicher Bedeutung, damit die Stellen geschaffen werden, die Amerikas BIP wieder in Schwung bringen und die Wirtschaft des Landes retten. Nach den Städten und den Super-Mentoren fehlt uns nur noch ein Bereich: die Universitäten. Universitäten tragen einen wesentlichen Teil zur Bildung von neuen Unternehmen überall auf der Welt bei, aber Amerikas Top-100-Universitäten bilden den weltweiten Vorteil, der das Land in diesem Kampf um die Arbeitsplätze von morgen von den Wettbewerbern abhebt.

Hervorragende Universitäten sind der Nährboden für höchst erfolgreiche Unternehmensgründungen. Sie bieten das beste Umfeld für Unternehmergeist und Innovation.

Super-Mentoren sind oft Führungskräfte in der Universität, Kanzler, Präsidenten oder Dekane. Viele Super-Mentoren sind Banker (Banker sind *extrem* wichtige Business-Mentoren in Amerika), Kapitalgeber, Unternehmensteilhaber oder führende Regierungsvertreter. Die unterschiedlichsten führenden lokalen Persönlichkeiten, Spitzen-Führungskräfte und CEOs sowie zahlreiche motivierte und einflussreiche Familienmitglieder finden sich in den Rängen der Super-Mentoren. Doch noch mehr hochengagierte Super-Mentoren aller Art, in mehr verschiedenen Bereichen als irgendwo sonst, tummeln sich in den Top-100-Universitäten.

Viele kleine und mittlere Unternehmen stellen ihre internationalen Beziehungen über die Universitäten her. Top-100-Universitäten haben immer Freunde und Forschungspartner überall auf der Welt, die helfen können, Kunden zu gewinnen oder Partnerschaften für den Export aufzubauen.

Super-Mentoren gehören nicht unbedingt zu einer Fakultät oder zur Verwaltung, aber sie sind in Aktivitäten, Gremien und Veranstaltungen aller Art engagiert. Deshalb sind Partnerschaften zwischen Universitäten und Unternehmen vor Ort so wichtig für die Entstehung neuer Unternehmen und neuer Jobs.

Viele amerikanische Städte besitzen genug Unternehmergeist und Innovationstalent, um ein boomendes BIP und neue Arbeitsplätze zu schaffen, aber ihnen fehlen die Super-Mentoren, um den alles entscheidenden Urknall zwischen Unternehmertum und Innovation auszulösen. Etwa die Hälfte aller Ideen und unternehmerischen Energie kann auf die Universitäten zurückgeführt werden – nicht alles, aber doch die Hälfte. Ich bin überzeugt, dass die nächsten hundert großen Durchbrüche, solche, die Wirtschaft und Land retten und Stellen schaffen, aller Wahrscheinlichkeit nach in und um die Top-100-Universitäten in Amerika entstehen.

Universitäten verfügen über Erfindungen und kluge Geschäftsmodelle im Überfluss, und sie weisen eine überproportional hohe Anzahl von Super-Mentoren auf. Bedenken Sie, dass die explosionsartige Entstehung freier Unternehmen in der weiteren Umgebung von San Francisco zum Großteil direkt auf Stanford und Berkeley zurückgeführt werden kann.

Es gibt viele wichtige Rollen in der amerikanischen Gesellschaft, alle sind von entscheidender Bedeutung, ohne sie kann ein Land nicht funktionieren. Doch an diesem Scheideweg, wo es darum geht, ob die USA die Führungsrolle in der Welt behalten oder auch nur solvent bleiben, hängt alles in erster Linie von drei Menschentypen ab: Unternehmern, Innovatoren und Super-Mentoren. Ein Nährboden für ihre Energie und Brillanz ist das Universitätssystem. Sie werden das Potenzial einer Stadt suchen und finden, und sie finden es besonders in den Städten mit aktiven führenden Köpfen, die Wege und Möglichkeiten für freies Unternehmertum schaffen. In dem Maße, wie die Energie der Unternehmer und Mentoren innerhalb der nationalen Talentmaschine der Top-100-Universitäten, der Top-100-Städte und der engagiertesten zehntausend lokalen Führungspersönlichkeiten genutzt werden kann, entwickeln sich die Chancen des Landes.

Dies ist Amerikas Teilchenbeschleuniger für sprunghaftes Wachstum am Arbeitsmarkt.

Kapitel 7:
Unternehmergeist oder Innovation?

Nichts auf der Welt kann die Beharrlichkeit ersetzen. Talent nicht – nichts ist gewöhnlicher als gescheiterte Existenzen mit Talent. Genie nicht – der Begriff »verkanntes Genie« ist schon fast ein Allgemeinplatz. Auch nicht Bildung allein – überall auf der Welt findet man hochgebildete Versager. Beharrlichkeit und Entschlossenheit allein sind die Faktoren des Erfolgs.
– Calvin Coolidge

Innovation ist kein seltenes Gut in Amerika. Auch nicht Kreativität. Im Gegenteil, in Wahrheit haben wir einen Überschuss an Innovation in Amerika und an anderen Orten auf der Welt.

Das ist in Ordnung so. Nicht in Ordnung ist dagegen, dass Amerika – und auch fast alle anderen Länder – ein riesiges Defizit, eine eklatante Unterversorgung an *erfolgreichen Geschäftsmodellen* hat. Viele Innovationen werden einfach nicht erfolgreich vermarktet. Es gibt eine Energie, ein Talent, das auf der Welt äußerst selten vorkommt, das knapp bemessen und nur sehr schwer zu finden ist, und das ist Unternehmergeist. Wir können es auch als seltene Geschäftstüchtigkeit bezeichnen, als unternehmerisches Genie, als »Rainmaking«[2], aber wie auch immer wir es nennen, für den Kampf um die Arbeitsplätze von morgen hat Amerika nicht genug davon.

Die Führungsverantwortlichen und Stadtoberhäupter der Welt – besonders in Amerika –investieren den größten Teil ihrer Zeit und Milliarden Dollar in Innovation. Doch sie graben bei ihrer fieberhaften Suche nach dem nachhaltigen BIP-Wachstum und der Schaf-

---
[2] im Amerikanischen ist »Rainmaker« – Regenmacher – eine Bezeichnung für Menschen, die das Talent haben, Geld zu machen, d. Übers.

fung von Arbeitsplätzen an der falschen Stelle, denn sie konzentrieren sich fast ausschließlich auf die Innovation.

In ihrem Bestreben, neue gute Arbeitsplätze in ihren Städten entstehen zu lassen, brauchen die USA vor allem jenes seltene Talent, Unternehmen zu gründen oder Geschäftsmodelle zu schaffen, die funktionieren, aus denen Organisationen wachsen können – große, kleine, mittlere, tragfähige Organisationen.

Der Schwerpunkt liegt dabei im Bereich der kleinen bis mittleren Unternehmen, denn die schaffen weit mehr Arbeitsplätze, als Unternehmensriesen das tun. Unternehmensriesen nützen jedem, weil sie das gesamte Wirtschaftssystem unterstützen, aber sie schaffen nicht viele Stellen. Dennoch, die Wirtschaft braucht sie alle. Amerika braucht – die Welt braucht – Millionen neue kleine, mittlere, große Organisationen und Unternehmensriesen.

Aber egal wie groß das Unternehmen ist, *auf das Businessmodell kommt es an.* Innovation hat so lange keinen Wert, bis sie etwas schafft, das ein Kunde haben will. Ein Ergebnis der Gallup Economics, das nur wenige Führungskräfte auf der Welt kennen, lautet: Selbst die besten Ideen und Erfindungen der Welt haben keinen Wert, bis sie ihren Kunden gefunden haben.

Im letzten Jahr nahm ich an einem Meeting in der National Academy of Sciences in Washington D.C. teil. Eine Gruppe von Führungsverantwortlichen und CEOs der größten Forschungslabors von Regierung und Universitäten des Landes erzählte mir, dass sie Erfindungen hätten, die bei ihnen in den Regalen verstauben – manche so bedeutend wie oder noch bedeutender als das Internet und fix und fertig zur Nutzung. In den meisten zukunftsweisenden, hochentwickelten Labors in Amerika und auf der Welt verstauben Entdeckungen und bahnbrechende Erfindungen, die dort im Überfluss vorhanden sind, in den Regalen, weil man nicht weiß, wie man daraus etwas machen könnte, das Kunden wollen. Wenn sie tatsächlich jemand wirtschaftlich nutzt, könnte Amerikas nächster großer Aufschwung noch spektakulärer werden als der letzte.

Auf das Businessmodell kommt es an, zumindest in den nächsten dreißig Jahren, denn es gibt so lange keine neuen, nachhaltigen Arbeitsplätze, bis es neue Kunden gibt. Und das gilt für Unternehmen, Non-Profit-Unternehmen, Kirchen, Schulen – für jede nur denkbare Organisation.

Ich möchte hier nicht die Bedeutung von Innovation herabwürdigen. Doch Innovation hat wenig bis gar keinen Wert, solange sie nicht mit Unternehmergeist gepaart wird. Innovation allein schafft noch keine Verkaufszahlen. Der Unternehmergeist ist das treibende Element im Teilchenbeschleuniger »Stadt«. Das entscheidende Verbindungsglied zwischen Innovator und Kunden ist der omnipotente Unternehmer: die Person, die einen Wert erkennt, einen Kunden anvisiert und dann ein Businessmodell und eine Geschäftsstrategie erschafft, aus denen Verkauf und Gewinn entstehen.

Wenn wir von Unternehmern sprechen, denken wir normalerweise an Menschen, die Unternehmen gründen, und als solche sind Unternehmer auch absolut notwendig für die Menschheit. Aber wer die Menschheit genau wie die Unternehmer voranbringt, das sind die sogenannten »Intrapreneure«. Intrapreneure sind das Hirn und die Energie, die Kunden schaffen. Im Allgemeinen arbeiten sie innerhalb der Unternehmen im Marketing oder bei der Strategieentwicklung, oft sind sie auch besonders begabte Vertriebsleute, aber ein Durchbruch vonseiten eines Intrapreneurs kann aus jedem Bereich eines Unternehmens kommen.

Wenn wir also »Unternehmer« sagen, sollten wir immer auch den »Intrapreneur« mit einschließen. Ein Unternehmer/Intrapreneur ist ein Mensch, der gemeinsam mit seinem Team ein Unternehmensmodell entwickelt, das mehr Kunden schafft, mehr Nachfrage, mehr Produktausbau, und das letztlich das Wunder eines wachsenden BIPs und die Schaffung echter Arbeitsstellen bewirkt.

Unternehmensmodelle, freies Unternehmertum und Innovation treiben sich gegenseitig an. Historiker sind derselben Ansicht wie Trainer im Gewichtheben, nämlich dass der Mensch nur dann weiterkommt, wenn er Widerstand erfährt. Der Mensch entwickelt sich, ob physisch oder kulturell, nicht ohne Gegendruck. Das Gesetz der Evolution, dass nur der überlebt, der sich am besten anpasst, kann grausam sein, aber es ist allgemeingültig und notwendig. Und genau das ist mein Einwand gegen den Sozialismus: Er reduziert den nötigen Widerstand; er nimmt die Spannung und sogar die Verlustangst und macht Menschen und Unternehmen dadurch träge und antriebslos. Kapitalismus und Kunden schaffen Widerstände und sorgen damit für die Entwicklung des Menschen. Menschen müssen sich durchsetzen. So funktioniert Wettbewerb; so funktionieren Opposition und Widerstand und Überleben – Wettbewerb schafft Kunden, und Kunden schaffen Arbeitsplätze. Das ist der Kern des Kapitalismus, und dieses Konzept ließ den Kapitalismus über den Sozialismus triumphieren.

Vor Kurzem bekam Gallup den Auftrag für ein bedeutendes neues Projekt zur Kundengewinnung. Das Budget dafür waren 6 Millionen Dollar im Jahr. Ich rief unsere COO an und fragte sie, wie viele neue Stellen das schaffen würde. »Fünfzig«, sagte sie.

Wenn Sie mich fragen: »Was ist auf der Grundlage all Ihrer Forschungen die beste Voraussetzung für die Entstehung neuer Arbeitsplätze?«, dann wäre meine Antwort immer: *neue Kunden*.

Allzu viele amerikanische Führungsverantwortliche sehen eine direkte Verbindung zwischen Geld und Stellen. Oder Forschung und Entwicklung und Stellen. Oder Investitionen und Stellen. Oder Anreizen vonseiten der Regierung und Stellen. Die Führungsverantwortlichen in Wirtschaft und Politik pumpen Gelder in alles Erdenkliche, nur nicht in das wichtigste Ziel: die Schaffung neuer Kunden. Je mehr Geld sie in die falschen Dinge investieren, weil sie von falschen Prämissen ausgehen, desto schlimmer machen sie alles.

Wonach diese Führungsverantwortlichen suchen sollten – und was sie nicht finden, weil sie an der falschen Stelle graben –, sind der Einzelne und sein Team, die das seltene Talent haben, ein florierendes und wachsendes Unternehmen egal welcher Größe aufzubauen, die anderen etwas von Wert anbieten können und einen Weg finden, wie es sich verkaufen lässt.

Die entscheidende Frage bei jedem neuen Unternehmen ist fast immer, ob es einen Führungsverantwortlichen mit genügend Verkaufs- oder »Rainmaker« Talent hat, um Kunden zu schaffen. Egal ob das Unternehmen eine Firma ist, eine soziale Einrichtung, eine Schule oder ein neues Regierungsprogramm: Die wahre Kraft kommt vom Unternehmertypen, nicht vom Innovator, vom führenden Denker oder von der Idee selbst. Und Unternehmertypen sind weit dünner gesät als die anderen.

Viele Venture-Capital-Unternehmen und Regierungsprogramme scheitern, weil eine Idee, ob groß oder klein, so lange still und leblos bleibt, bis sie von unternehmerischer Energie aufgegriffen und erfüllt wird. Die führenden Köpfe von Venture-Capital-Unternehmen und Regierungsprogrammen setzen überproportional häufig auf den Wagen statt auf das Pferd. Wenn das Projekt scheitert, sagt man für gewöhnlich: »Wir haben unsere Investitionen verloren«, aber niemals: »Es ist uns nicht gelungen, unternehmerische Energie aufzubringen.«

Noch einmal möchte ich betonen, dass Innovation lebenswichtig ist. Amerika muss mit seinen Erfindungen besser sein als der Rest der Welt. Aber das ist ja bereits der Fall. Unser Land muss etwa ein Drittel aller großen Erfindungen der Welt machen. Und darin ist Amerika gut: Die Vereinigten Staaten haben weltweit in praktisch allen Bereichen seit mehr als zweihundert Jahren zwischen 30 und 40 Prozent aller bahnbrechenden Neuerungen erfunden und erfolgreich vermarktet.

Aber lassen Sie mich in diesem Kapitel nochmals festhalten: Unzählige dieser weltbewegenden Erfindungen und Ideen werden unbeachtet bleiben und in Vergessenheit geraten, wenn man nicht das Hauptaugenmerk auf die Schlüsselqualifikation legt, den Unternehmergeist. Es sind vielleicht genau jene Erfindungen, welche die Welt für Amerika zurückerobern könnten, aber die Welt wird niemals von ihnen erfahren, weil sie niemals durch die Energie des Unternehmergeistes zum Leben erweckt wurden. Und noch einmal: Gutes Geld und gute Arbeitsplätze entstehen aus dem Unternehmensmodell, nicht aus der Erfindung.

Das Spektakuläre an der Erfindung Vinton Cerfs und seines Teams war nicht nur das TCP/IP-Protokoll, sondern auch die Art und Weise, wie amerikanische Unternehmen es in wundervolle kommerziell nutzbare Produkte verwandelten, die Spaß machen und Nutzen bringen. Das brachte einen ähnlichen Fortschritt für das Leben der Menschen und die Entwicklung der Menschheit wie das Rad oder das Fliegen.

Nicht die Erfindung des Internets war es, die Amerika an die Spitze der Welt brachte, sondern dessen kommerzielle Nutzung, ganz ähnlich wie beim Transistor, einer Erfindung, die ebenfalls die Menschheit veränderte. Doch bis irgendjemand sich dafür interessierte, wie man damit Milliarden Kunden gewinnen könnte, war der Transistor nichts weiter als eine technische Erfindung unter vielen anderen, die auf dem Regal verstaubte – genau wie das Internet.

Unternehmergeist hat direkte Auswirkungen auf Angebot und Nachfrage, nur mit einem Unterschied: Er macht nicht nur das Angebot, sondern er *baut* auch die Nachfrage *auf*. Unternehmergeist verändert das Verhältnis von Angebot und Nachfrage. Deshalb ist es so entscheidend, angehende Unternehmertypen zu bestärken und zu begleiten, und das sind nicht jene, die nur für sich allein arbeiten oder ihr eigener Chef sein wollen. Echte Unternehmertypen schaffen neue Arbeitsplätze und steigern die allgemeine Nachfrage und Kauflust, weil sie etwas Neues ins Spiel bringen. Entweder verwenden sie ein bereits bestehendes Produkt oder eine Dienstleistung und machen diese zugänglich für Kundenkreise, die noch nichts oder zu wenig davon haben, oder sie verwenden eine neue Idee und sorgen dafür, dass Begeisterung, Interesse und Begehrlichkeit dafür geweckt werden – eine neue Nachfrage.

Ein Beispiel: Henry Ford hat nicht das Automobil erfunden. Er hat einen Weg gefunden, wie man Automobile herstellt und an Menschen der Mittelklasse verkauft. Ohne Fords Unternehmergeist wäre das Auto für die meisten Menschen nutzlos. Ford hat nicht nur für Jobs gesorgt, sondern eine ganz neue Nachfrage nach Autos geschaffen.

Stärken von Erfindern und Unternehmern

Ich habe zuvor erwähnt, dass am falschen Ort nach dem Schlüssel für die Schaffung von Arbeitsplätzen gesucht wird. Um den richtigen Ort zu finden, muss man die psychologischen Wesenszüge von Erfinder- und Unternehmertypen kennen.

Erfinder und Unternehmer von Weltklasse ähneln sich darin, dass sie einen extrem starken Antrieb, Kampfgeist und leidenschaftliche Begeisterung für etwas haben. Das sind die Gemeinsamkeiten. Aber sehen wir uns nun die großen Unterschiede an.

Der Erfinder ist kreativ, und sein Ziel ist die Problemlösung. Er sucht nach Wegen, wie man die Dinge besser machen kann. Erfinder machen *Entdeckungen und bahnbrechende Erfindungen*. Erfinder oder Innovatoren sind oft hochgebildete Wissenschaftler oder auch extrem talentierte Denker, die mit einer ordentlichen Dosis an gottgegebener Kreativität und intellektuellem Talent gesegnet sind. Erfinder hegen fast immer eine tiefe Leidenschaft dafür, etwas zu verbessern. Erfinder sind *Denker*.

Ein Unternehmer dagegen ist ein Mensch des Handelns, der im Vergleich zu anderen zwei Eigenschaften in besonders großem Maße besitzt: Optimismus und Entschlossenheit. Da Unternehmer Optimisten sind, sehen sie keine Hindernisse; da sie Entschlossenheit besitzen, geben sie nie auf. Menschen mit extrem viel Optimismus und Entschlossenheit *bringen etwas zustande*. Unternehmertypen sind seltene *Machertypen* – und deshalb sind sie die wertvollsten Menschen auf der Welt, zumindest hinsichtlich der wirtschaftlichen Entwicklung, des BIP-Anstiegs und des alles entscheidenden Stellenwachstums.

Schlechte Ideen mit guten Erfolgen

Einer meiner Lieblingsunternehmer ist Wayne Huizenga. Er hatte meiner Ansicht nach in seiner Laufbahn drei ziemlich bescheidene Geschäftsideen.

Während er als Manager in der Müllbeseitigung arbeitete, beschloss er, sein eigenes Müllbeseitigungsunternehmen zu gründen. Das war eine schlechte Idee, denn die Welt brauchte kein weiteres Müllabfuhrunternehmen. Der Müll wird bereits ziemlich gut beseitigt. Aber trotzdem gründete er seine eigene Firma. Und er machte sie zu einer großartigen, weltweiten Multimillionen-Dollar-Organisation, einem Fortune-500-Unternehmen und zum führenden Betrieb in nachhaltigem Umweltschutz, profitabel und wertvoll für seine Kunden, ein hervorragender Arbeitgeber mit einer internationalen Führungsrolle: Waste Management, Inc.

Die Frage ist: Was machte Waste Management zu einer so erfolgreichen amerikanischen Unternehmung für Zehntausende von hochengagierten Mitarbeitern, die qualifizierte Arbeitsplätze aller Art schuf – war es die Idee oder Wayne selbst? Die meisten führenden Denker der Welt würden sagen, es war Waynes *gute Idee*, mehr als sein *Unternehmergeist*.

Waynes nächste Idee war wohl noch schlechter. Sie bestand darin, Spielfilmvideos in Marken-Outlets, Shopping-Malls und kleinen, leer stehenden Gebäuden zum Verleih anzubieten. Das hörte sich in meinen Ohren nicht besonders gut an – und dabei machte ich für ihn einen Großteil der Marktforschung dieses Projekts. Blockbuster, Inc. wurde sein zweites Multimilliarden-Dollar- und Fortune-500-Unternehmen. Und auch Blockbuster zog Millionen Kunden an und schuf Hunderttausende neuer Jobs.

Damit gelang Wayne, was zuvor noch niemand geschafft hatte: Er gründete *zwei* Fortune-500-Unternehmen in einem Leben. Waren es nun die Ideen, die sie zu Fortune-500-Unternehmen und zu wunderbaren Arbeitgebern für Tausende Menschen machten – oder war es Wayne?

Schließlich hatte er noch eine weitere schlechte Idee: eine landesweite Kette für Gebrauchtwagenhandel. Er nannte sie AutoNation, Inc., und sie wurde sein drittes Multimillionen-Dollar und Fortune-500-Unternehmen.

Was ist nun die Erklärung für diese überwältigenden Erfolge: die Innovationen oder Wayne? Diese Frage ist wirklich wichtig, denn egal welche Idee Wayne sich aussucht, sie scheint immer zu einer *guten* Idee zu werden. Die Erfolgsvariable lautet in Waynes Fall: »Egal welche Idee Wayne sich aussucht, sie ist gut, weil er das Businessmodell dazu in Gang bringt.« Sie lautet nicht: »Wayne ist gut im Finden von guten Ideen.«

Doch die meisten führenden Denker glauben noch immer, die zweite Antwort sei richtig.

Meine Vermutung ist, wenn man Wayne alles wegnähme – sein ganzes Vermögen, sein Managementteam, sein Bargeld, seine Autoschlüssel – und ihn in ein Ein-Zimmer-Apartment im Zentrum von Miami setzte, dann würde wahrscheinlich aus diesem Raum ein Multimilliarden-Dollar-Fortune-500-Unternehmen herausplatzen. Aufgrund seines extremen Optimismus, seiner unaufhaltsamen Entschlossenheit und seiner unglaublichen Energie ist Wayne in der Lage, hoch erfolgreiche Unternehmungen aufzubauen, und er braucht dazu keine bahnbrechende Innovation.

Es ist klüger, sich auf die Person zu konzentrieren als auf die Idee.

Ein weiterer meiner amerikanischen Lieblingsunternehmer ist Ted Turner. Ein rund um die Uhr tätiger Nachrichtensender erschien mir keine wirklich gute Idee. Ich habe auch hier im Vorfeld Marktforschungen über 24-Stunden-Nachrichten durchgeführt. Niemand wollte noch mehr Nachrichten, und die Meldungen, die Ted zeigen wollte, waren nichts weiter als ein Endlosband mit Berichten, das immer wieder abgespielt wurde. Glauben Sie mir, ich muss keine langwierigen Forschungen betreiben, um zu wissen, dass 24-Stunden-Nachrichten eine mittelmäßige Idee sind. Das war weit entfernt von der Erfindung des Flugzeugs, des Transistors oder der Entdeckung des Van-Allen-Strahlengürtels. Es entspricht in etwa der »bahnbrechenden« Idee, dass die Banken ihre Öffnungszeiten in den späten Nachmittag hinein verlängern sollten, damit Menschen, die tagsüber arbeiten, sie auch wirklich nutzen können.

Ted Turner gründete CNN, einen berühmten, hochprofitablen, weltweit ausgestrahlten Multimilliarden-Dollar-Fernsehsender mit starker Botschaft, den er auf der Basis einer sehr bescheidenen und arbeitsintensiven Idee aus einer kleinen Firma in Atlanta entwickelte.

Aber bei Ted Turner schauen Optimismus und Entschlossenheit aus jedem Knopfloch hervor, und egal welche Idee er sich aussucht, sie wird die nächste »Superidee« im Fernsehen. Seine Energie brauchte nur ein Vehikel. Sie fand es in den 24-Stunden-Nachrichten, in alten Spielfilmen und im Segeln.

Seine neueste Innovation ist eine Büffelranch. Doch, wirklich, eine Büffelranch und eine Restaurantkette, wo man Büffelfleisch essen kann. Das ist eine richtig schlechte Idee. Es gibt wohl niemanden auf der Welt, der sagen würde: »O mein Gott, ich wünschte, das wäre mir eingefallen.« Es ist eine schreckliche Idee, und Ted wird sie sehr wahrscheinlich zum Erfolg bringen, denn egal welche Idee er sich aussucht, sie hat das Glück und wird zum Vehikel für seinen unaufhaltsamen Optimismus und seine Entschlossenheit. Und einhergehend mit seinem Erfolg werden Tausende neuer Arbeitsplätze für hochmotivierte Mitarbeiter geschaffen.

Betrachten wir noch eine weitere, echt stumpfsinnige Innovation: eine Internetseite, auf der Leute ihr altes Zeug an andere verkaufen können – eine Art Rund-um-die-Uhr-Flohmarkt. Meiner Ansicht nach ist das das Schlechteste vom Schlechten. Diese Erfindung bekommt meine Stimme für »eine Idee, die niemals, aber auch wirklich niemals funktionieren wird«.

Trotzdem beschloss Meg Whitman, diese Innovation einzuführen. Wir kennen sie als eBay.

eBay ist nicht nur eines der ganz großen, hochprofitablen Technologieunternehmen der letzten fünfundzwanzig Jahre, es hat auch Tausende gute neue Jobs geschaffen und ein Einkommen für Millionen von Kunden, die auf eBay Handel treiben. Es ist ein Koloss des freien Unternehmertums. Auch wenn die Grundidee von eBay vielleicht bescheiden ist, Meg machte sie groß, denn egal welche Idee sie sich aussucht, sie wird mit hoher Wahrscheinlichkeit ein Welterfolg, weil Meg sie in Gang bringt.

Megs Optimismus und Entschlossenheit werden immer ein Vehikel finden. Und Tausende Mitarbeiter verdanken ihr wunderbare Arbeitsplätze bei eBay.

Geht es also um Innovation oder Unternehmergeist? Um beides. Aber die entscheidende Einsicht ist hier, dass Innovation allein keinen Wert hat, bis sie von talentierten Unternehmertypen aufgegriffen wird.

Diese Unternehmertypen sind jedoch selten. Auch wenn Amerika den Kampf nicht gewinnen kann, ohne dass ein Drittel aller Erfindungen von hier kommt, sollte sich die Nation doch vorrangig und überwiegend auf das Unternehmertum von Weltklasse konzentrieren, denn genau das schafft Arbeitsplätze. Viele Menschen haben gute Ideen, aber die meisten neu gegründeten Unternehmen scheitern. Und zwar nicht an mangelnder Begeisterung, sondern an fehlenden Kunden. Millionen neuer Unternehmen werden jedes Jahr gegründet, und jedes davon schafft eine Handvoll Arbeitsplätze, aber nur wenige schaffen den Durchbruch. Die restlichen verfügen nicht über jene unaufhaltsame Entschlossenheit und jenen Optimismus, der dafür notwendig ist.

Und daran erkennt man einen echten Unternehmertyp: Er ist ein Mensch mit einer Idee, die ihn total vereinnahmt – einer Idee, die sein Denken, seine Lebensweise bestimmt, die für ihn zur Obsession wird. Diese Obsession nährt den unaufhaltsamen Optimismus und die Entschlossenheit. Jedes Unternehmen hat mit Problemen zu kämpfen, aber hochtalentierte Unternehmertypen genießen die Widerstände, sie sind ihnen sogar willkommen. Talentlose Unternehmer dagegen werden von solchen Problemen vernichtet. Deshalb ist es nicht genug, nur Unternehmer sein zu wollen. Wer Menschen dazu ermuntert, auf die übliche Weise Unternehmer zu werden – besuch einen Kurs, leih dir Geld und dann geht's los –, der schickt sie ins sichere Verderben.

Amerika muss verstehen, wie das Talent der Leute beschaffen ist, die Unternehmen gründen. Genau das untersucht Gallup derzeit. Die Ergebnisse sind enorm wichtig für die Investoren. Im neuen Wirtschaftsklima werden sich Investoren fragen müssen, worin sie investieren wollen: in den Menschen oder in die Idee.

Mit unheimlicher Genauigkeit können Pädagogen und Psychologen heute einen Hörsaal voller Studenten danach einstufen, wie hoch ihre angeborene Lernfähigkeit ist. SAT- oder IQ-Tests identifizieren Lerntypen mit hohem Potenzial in Naturwissenschaften, Mathematik, Sprachen, Technologie, Ingenieurwesen und Medizin. Wenn Sie aber diese Pädagogen und Psychologen bäten, dieselben Studenten nach ihrer angeborenen Fähigkeit zum Unternehmertum einzustufen, hätten sie wahrscheinlich keine Ahnung, wie sie das machen sollen.

Manche Führungskräfte glauben sogar, dass man jeden zum Unternehmer ausbilden könne. Diese Annahme ist falsch. Unternehmertypen haben eine seltene Gabe. Nach meiner Einschätzung haben von tausend Menschen nur etwa drei das Potenzial, ein Unternehmen mit 50 Millionen Dollar oder mehr Jahresumsatz zu entwickeln.

Aber auch wenn das Bildungssystem in Amerika den Prozess beherrscht, die besten Lerntypen hervorzubringen, so tappen wir noch immer im Dunkeln, was die Ausbildung von talentierten Entrepreneuren betrifft. Das ist vielleicht die Erklärung dafür, warum es so einen Überschuss an Innovation und so eine Unterversorgung an Unternehmergeist gibt. Amerika hat diejenige Seite überentwickelt, die besser zu kontrollieren ist, und gleichzeitig die Entwicklung der eher undurchschaubaren Seite vernachlässigt.

Kapitel 8:
Positive Energie am Arbeitsplatz

Derzeit gibt es über 6 Millionen aktive Unternehmen in den Vereinigten Staaten. Diese Arbeitsstätten bergen das Potenzial, aus dem die kommenden 20 Millionen Unternehmen entstehen. Viele Neugründungen werden innerhalb bestehender Organisationen ausgebrütet. Sie treten ans Licht, wenn entweder Intrapreneure neue Unternehmensmodelle in den Firmen schaffen, in denen sie arbeiten, oder wenn Unternehmer sich aus dem Unternehmen heraus selbstständig machen und neue, eigene Firmen gründen. Amerika braucht beide.

Fassen wir die weltgrößte Datensammlung der Verhaltensökonomie über Arbeitsstätten zusammen. Sie stammt von einer Gallup-Studie über Produktivität am Arbeitsplatz, und sie besteht aus zwölf entscheidenden Aspekten des Arbeitslebens. Gallup hat Millionen Berufstätige weltweit über ein Jahrzehnt lang gebeten, sich zu diesen Punkten zu äußern, und kommt überall zum gleichen Ergebnis: Demotivierte Angestellte erzeugen demotivierte Kunden.

Das mag banal erscheinen, aber versuchen Sie einmal, in irgendeiner Organisation verlässliche Zahlen zu bekommen, die deutlich den Zusammenhang zwischen der Demotivation der Mitarbeiter und den Kundenergebnissen pro Arbeitseinheit aufzeigen. Jedes Unternehmen verfügt über grundsolide Zahlen für Verkauf und Gewinn oder Produktmängel, aber nur wenige kennen ihren Abteilungs-Demotivations-Quotienten.

Wenn Sie den Demotivations-Quotienten nicht finden können, gelingt das garantiert Ihrer Buchhaltungsabteilung. Es wird allerdings rund ein Jahr dauern. Nach meinen Beobachtungen muss ein Mitarbeiter der Firma einen Kunden zwischen einem Tag und zwei Jahren vernachlässigen oder schlecht bedienen, bevor der Kunde abspringt. Und wenn Kunden abspringen, zieht das unmittelbar Stellenverluste nach sich.

Aber wie ich schon sagte, nur wenige Unternehmen kennen ihren Demotivations-Quotienten. Und nicht annähernd genügend Organisationen auf der Welt verfügen über Zahlen zu den komplexen verhaltensökonomischen Verknüpfungen zwischen Kunden und Angestelltem pro Arbeitseinheit. Führungskräfte werden von den falschen Zahlen abgelenkt und achten auf die falschen Dinge – sie stellen Mitarbeitern Fragen über Vergütung und Zuschüsse, über Urlaub, Parkplatzsituation oder Cafeteria. In praktisch allen Mitarbeiterbefragungen fehlt die statistische Korrelation zur Steigerung der Verkaufszahlen und dem daraus folgenden Stellenzuwachs, weil man die falschen Fragen stellt – und so die Führungsverantwortlichen dazu verleitet, die falschen Maßnahmen zu ergreifen.

Der Mitarbeiter als Schwachstelle

Für alle Anhänger von Six Sigma: Ein demotivierter Mitarbeiter, besonders ein demotivierter Vorgesetzter, ist eine Schwachstelle – eine Schwachstelle für das Unternehmen, den Kunden und letztlich für das Land. Gallup stellte fest, dass die Anzahl der extrem demotivierten Mitarbeiter – bei denen wir von Mitarbeitern »ohne emotionale Bindung« sprechen sprechen, weil sie auch andere zu einer demotivierten Haltung bringen – landesweit bei 20 Millionen liegt. Von den annähernd 100 Millionen Vollzeitarbeitskräften in den Vereinigten Staaten weisen 20 Millionen Angestellte keine emotionale Bindung auf.

Ein Teilziel im Kampf um Innovation und Unternehmertum ist es, die besten Arbeitsplätze der Welt zurückzugewinnen. Wenn Amerika dieses Teilziel erreicht, wird es anfangs noch seine eigenen Erfindungen produzieren, bei denen das Land *vorübergehend* Weltbester sein wird. Doch kurz darauf werden dies wahrscheinlich weit billigere Arbeitskräfte in anderen Ländern übernehmen.

Das ist in Ordnung, solange die Vereinigten Staaten für die Erfindung stehen, das omnipotente Businessmodell dazu entwickeln, solange diese Erfindung geistiges Eigentum der Vereinigten Staaten ist und sie es weltweit vertreiben. Diese einfache Welthandels- und Wirtschaftsstrategie der Vereinigten Staaten funktioniert heute in vielfacher, produktiver Weise (denken Sie an den iPod). Diese ganze Prämisse beruht auf der Fähigkeit der Amerikaner, Innovatoren und Unternehmer zu sein, Businessmodelle von Weltklasse zu schaffen und so für ein authentisches BIP- und Stellenwachstum zu sorgen.

Arbeitsstätten mit niedrigem Energielevel oder, wie Gallup sie nennt, Arbeitsstätten ohne emotionale Mitarbeiterbindung werden dies zum Scheitern bringen.

Wo stehen die Vereinigten Staaten in Bezug auf das verhaltensökonomische Verhältnis von emotional hoch gebunden Mitarbeitern und solchen, die keinerlei Bindung aufweisen? Derzeit verfügt das Land, wie ich bereits erwähnte, über etwas mehr als 100 Millionen Angestellte in echter Vollzeitbeschäftigung. Gallup hat festgestellt, dass 28 Prozent der amerikanischen Arbeitskräfte »emotional hoch gebunden« sind, weitere 53 Prozent sind »emotional gering gebunden« und niederschmetternde 19 Prozent weisen »keine emotionale Bindung« auf.

Die 53 Prozent emotional gering gebundener Mitarbeiter sind nicht feindlich oder zerstörerisch gesinnt, und sie machen keine Probleme. Sie leisten Dienst nach Vorschrift, vertrödeln Zeit und scheren sich wenig oder gar nicht um Kunden, Produktivität, Profitabilität, Verschwendung, Sicherheit, Ziele und Aufgaben der Teams oder Kundenentwicklung. Ihre Gedanken kreisen hauptsächlich um das Mittagessen oder ihre nächste Pause. Sie haben innerlich gekündigt. Wichtig zu wissen ist, dass diese Menschen nicht nur Teil Ihrer Belegschaft oder Ihres Vertriebsteams sind. Sie sitzen ebenso mit Ihnen im Vorstand.

Und dann sind da noch die 19 Prozent der Mitarbeiter ohne emotionale Bindung, Angestellte, die das Ziel haben, Ihr Unternehmen zu demontieren und ihm zu schaden. Sie sind eine Plage für ihre Vorgesetzten, sie haben häufiger Arbeitsunfälle und verursachen mehr Qualitätsmängel als andere, sie tragen zum »Schwund« bei – wie man den Tatbestand des Diebstahls höflich umschreibt –, sie sind häufiger krank, sie weisen mehr Fehltage auf und kündigen häufiger als die Mitarbeiter mit höherer emotionaler Bindung. Wenn Sie mit neun Personen ein Meeting haben, dann machen sich höchstwahrscheinlich zwei davon Notizen, um dafür zu sorgen, dass Ihre Planungen niemals das Licht der Welt erblicken.

Die 28 Prozent der hoch emotional gebundenen Mitarbeiter sind die besten Kollegen. Sie arbeiten aktiv mit daran, eine Organisation, Institution oder Agentur aufzubauen. Sie sind die kreative Kraft hinter allem Positiven, das in einem Unternehmen geschieht. Sie sind es, die für neue Kunden sorgen.

Die für das BIP-Wachstum notwendige explosionsartige Entwicklung in der Unternehmenswelt kann erst dann stattfinden, wenn sich die Zahl der emotional hoch gebundenen Mitarbeiter im Land verdoppelt hat – nur verdoppelt, und zwar besonders in den Keimzellen der Entstehung von Arbeitsplätzen, den kleinen und mittleren Unternehmen, aber auch anderswo. Wenn die Firmen die Zahl ihrer emotional hoch gebundenen Mitarbeiter verdoppeln, verdoppeln sie auch die Zahl der Ideen und der wirtschaftlichen Energie, die durch das nationale Verteilernetz der miteinander verbundenen Arbeitsstätten strömt. Dann generiert Amerika die besten Arbeitsplätze der Welt.

Mehr als fünfundsiebzig Jahre lang haben wir von Gallup jede vorstellbare Geisteshaltung am Arbeitsplatz erfasst, kategorisiert und analysiert. Und wir fanden zwölf verhaltensökonomische Standards – zwölf Kriterien zur Erfassung der emotionalen Mitarbeiterbindung –, von denen praktisch sämtliche Leistungen und Ergebnisse abhängen.

Gallup hat ebenfalls festgestellt, dass weitere scheinbare Schlüsselfaktoren (wie »Ich bin relativ ausgeglichen«), die über die zwölf bereits erwähnten hinausgehen, sich bei emotional hoch gebundenen und Mitarbeitern ohne emotionale Bindung nicht unterscheiden. Die zwölf Aussagen sind ein statistisches Maß für jede Art von Arbeit und für jede Branche, ob im Einzelhandel, im Hotel- und Gaststättengewerbe, in der Herstellung, in staatlichen Ämtern, in nichtstaatlichen Organisationen (NSO), bei der Armee oder im Bereich Bildung und Erziehung – sie gelten für praktisch jeden Arbeitsplatz, überall auf der Welt.

Anhand ihrer Reaktionen auf die zwölf Punkte des Fragebogens lässt sich jede Person in eine der drei Kategorien »emotional hoch gebunden«, »emotional gering gebunden« und »ohne emotionale Bindung« einteilen. Es handelt sich um die folgenden zwölf Aussagen:

Q01: Ich weiß, was bei der Arbeit von mir erwartet wird.

Q02: Ich habe die Materialien und die Arbeitsmittel, um meine Arbeit richtig zu machen.

Q03: Ich habe bei der Arbeit jeden Tag die Gelegenheit, das zu tun, was ich am besten kann.

Q04: Ich habe in den letzten sieben Tagen für gute Arbeit Anerkennung oder Lob bekommen.

Q05: Mein Vorgesetzter/meine Vorgesetzte oder eine andere Person bei der Arbeit interessiert sich für mich als Mensch.

Q06: Bei der Arbeit gibt es jemanden, der mich in meiner Entwicklung fördert.

Q07: Bei der Arbeit scheint meine Meinung zu zählen.

Q08: Die Ziele und die Unternehmensphilosophie meiner Firma geben mir das Gefühl, dass meine Arbeit wichtig ist.

Q09: Meine Kollegen/Kolleginnen haben einen inneren Antrieb, Arbeit von hoher Qualität zu leisten.

Q10: Ich habe einen sehr guten Freund/eine sehr gute Freundin innerhalb der Firma.

Q11: In den letzten sechs Monaten hat jemand in der Firma mit mir über meine Fortschritte gesprochen.

Q12: Während des letzten Jahres hatte ich bei der Arbeit die Gelegenheit, Neues zu lernen und mich weiterzuentwickeln.

Ein guter Vorgesetzter hat Angestellte, die all diesen Aussagen möglichst stark zustimmen; die Items werden auf einer Skala von 1 bis 5 danach bewertet, wie zutreffend sie sind, wobei 5 der höchste Wert ist (»stimme vollständig zu« / »äußerst zufrieden«). Ob Innovation oder Unternehmergeist, echtes Wachstum der Verkaufszahlen, Neukundengewinnung oder Stellenwachstum – jeder dieser Bereiche bezieht seinen Lebensfunken und seine Inspiration aus dem Verhältnis zwischen Vorgesetztem und Angestelltem, und dieses Verhältnis wird anhand dieser zwölf Aussagen gemessen.

Wie ich schon erwähnte, wenn doppelt so viele amerikanische Arbeitskräfte wie bisher diese zwölf Aussagen zur emotionalen Mitarbeiterbindung tagtäglich hoch bewerteten, würde das eine sofortige, deutliche Veränderung bringen; nichts könnte für ein schnelleres Stellenwachstum sorgen. Ein Anstieg von 30 Millionen auf 60 Millionen emotional hoch gebundener Mitarbeiter würde Amerikas Gesicht mehr verändern als jede Institution für Führungskräfte, als Billiarden Dollar staatlicher Wirtschaftsförderung oder als jeder nur vorstellbare Gesetzesentwurf oder Erlass.

Eine Zunahme der emotional hoch gebundenen Mitarbeitern in Amerika von 28 auf 60 Prozent würde sowohl Innovation als auch Unternehmergeist verdoppeln. Damit wären die notwendigen Voraussetzungen geschaffen, um die Wettbewerbsländer mit einem Schlag zu übertrumpfen, denn emotionale Mitarbeiterbindung schafft neue Kunden.

Ist das realisierbar, oder ist es nur Wunschdenken?

Derzeit stellen wir von Gallup ständig solche dramatischen Anstiege der emotionalen Mitarbeiterbindung fest. Wir haben Millionen Menschen in Hunderttausenden von Arbeitsgruppen in Unternehmen überall auf der Welt befragt. Wir haben gesehen, wie Unternehmen ihre emotionale Mitarbeiterbindung verdoppelt oder sogar verdreifacht haben.

2009 führten wir von Gallup eine Meta-Analyse durch, zu der wir 199 Forschungsstudien über 152 Organisationen in 44 Branchen und 26 Ländern heranzogen. In jeder der Studien errechnete Gallup statistisch das Verhältnis zwischen emotionaler Mitarbeiterbindung und Leistungsergebnis pro Unternehmens-/Arbeitseinheit, wobei die Organisationen die Ergebniszahlen lieferten. Insgesamt untersuchte Gallup 32.394 Unternehmens-/Arbeitseinheiten mit 955.905 Mitarbeitern und konzentrierte sich auf neun Ergebnisse: Kundenloyalität/Kundenbindung, Profitabilität, Produktivität, Fluktuation, Arbeitsunfälle, Materialschwund, Fehlzeiten, Pannen im Bereich Patientensicherheit sowie Qualität (Qualitätsmängel).

Gallup stellte fest, dass Arbeitsgruppen im Bereich des 99. Perzentils der Gallup-Datenbank in Bezug auf die emotionale Mitarbeiterbindung mit fast fünfmal so hoher Wahrscheinlichkeit überdurchschnittliche Leistungen im Job erbringen wie jene im untersten Perzentil-Bereich. Im Vergleich mit Unternehmenseinheiten im untersten Viertel weisen solche aus dem obersten Viertel

> ➤ eine um 12 Prozent bessere Kundenbindung,

> ➤ eine um 18 Prozent höhere Produktivität und

> ➤ eine um 16 Prozent höhere Profitabilität auf.

In diesen Einheiten aus dem obersten Viertel gibt es auch

> ➤ um 37 Prozent geringere Fehlzeiten,

> ➤ 25 Prozent weniger Fluktuation in Organisationen mit hoher Fluktuation,

> ➤ 49 Prozent weniger Fluktuation in Organisationen mit geringer Fluktuation,

> ➤ 27 Prozent weniger Diebstähle,

> ➤ 49 Prozent weniger Arbeitsunfälle,

> 41 Prozent weniger Zwischenfälle im Bereich Patientensicherheit und

> 60 Prozent weniger Qualitätsmängel.

Die Antwort ist also: Ja, es ist machbar. Wenn jede Organisation in den Vereinigten Staaten ihre emotionale Mitarbeiterbindung verdoppelt, kann Amerika die Welt ein weiteres Mal in Erstaunen versetzen, genau wie mit dem Dotcom-Boom. Die Vereinigten Staaten würden den Kampf gewinnen, indem sie den Einsatz an menschlicher Energie verdoppeln – den Treibstoff von Unternehmergeist und Innovation.

In Unternehmen, Ämtern, Schulen, Fabriken und an jeder anderen Arbeitsstätte muss die Zahl der emotional hoch gebundenen Mitarbeiter verdoppelt werden, sonst lässt Amerikas Wettbewerbsfähigkeit nach. Die Mitarbeiterbindung im Land zu verdoppeln ist kein Wunschtraum, denn große und kleine Unternehmen tun es genau in diesem Moment. Damit sorgen sie für mehr Kunden und mehr Exportgeschäfte.

Die entscheidende Ressource am Arbeitsplatz liegt zunächst in der omnipotenten Kraft der menschlichen Natur (Verhaltensökonomie) und dann im omnipotenten Dollar (klassische Ökonomie). Diese Ressource ist der einzelne hoch emotional gebundene Mitarbeiter – und dessen unternehmerische Energie. Das Potenzial für Entdeckungen, bahnbrechende Erfindungen, echte Gewinne in Billionenhöhe, Millionen und Milliarden Dollar für Ihre Organisation, unzählige nachhaltige Arbeitsstellen und in der Konsequenz echtes BIP-Wachstum in den Vereinigten Staaten – das Potenzial für all das steckt in der inneren Einstellung der Arbeitskräfte.

Das Potenzial menschlicher Vorstellungskraft und Entschlossenheit ist weiterhin unbegrenzt. Der Bereich Technologie explodiert, weil die Entwicklung der Menschheit dazu geführt hat. Wie Thomas Edison sagte: »Wir wissen nicht einmal ein Millionstel Prozent über irgendetwas.« Das gilt ebenso in Hinsicht auf die Maximierung von menschlichem Potenzial. Aber glücklicherweise lernen wir in der Verhaltensökonomie etwas dazu.

Der Gallup-Pfad

Gallup hat ein Performance-Management-Modell entwickelt, welches herausstellt, welche zentrale Rolle der Mensch innerhalb eines Unternehmens spielt. Wir nennen es den »Gallup-Pfad«. Wir von Gallup haben dieses Modell auf Basis unserer Datenbank über die Interaktionen von Mitarbeitern und Kunden aus fünfhunderttausend unterschiedlichen internationalen Unternehmenseinheiten erstellt – das ist die umfangreichste existierende Analyse von Verhaltensökonomie.

Lassen Sie mich Ihnen das Modell von oben nach unten etwas näher erläutern.

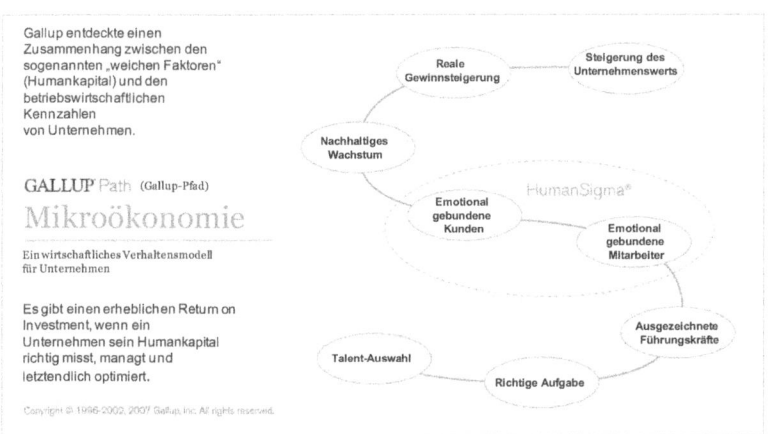

Abb. 1: Gallup-Pfad

Börsennotierte Unternehmen zielen auf Gewinnsteigerung ab, denn die ist der große Motor zur Steigerung des Unternehmenswertes. Wenn Unternehmen Gewinn- und Wertsteigerung verzeichnen, verläuft auch alles andere reibungslos. Die Arbeitsplätze der Menschen sind sicher. Die Führungskräfte sind die Helden der Aktionäre und der Presse, und sie erhalten Boni. Das Unternehmen kann in Wachstum investieren, die Forschung und Entwicklung erweitern,

97

neue Produkte und interne Start-ups schaffen, überall in der Welt Niederlassungen gründen, Unternehmen aufkaufen, Sozialleistungen und Renten erhöhen, Zeit und Geld für Gemeindebelange aufwenden und kontinuierlich die nächste Generation von Führungskräften aufbauen, denn was das Unternehmen tut, funktioniert und sorgt für Gewinne.

Wenn Profite und Aktienpreise steigen, kann ein Unternehmen positive Energie in praktisch alle Wirtschaftsnetzwerke pumpen, besonders in seiner Heimatstadt, denn diese liegt der Kraftquelle am nächsten. Gleichzeitig zahlt das Unternehmen große Summen an Steuergeldern an seine Stadt, seinen Bundesstaat und seine Staatsregierung. Und weil das Unternehmen so viel Wirtschaftsenergie produziert, kann es wohltätige Aktivitäten und soziale Initiativen in seiner Stadt und in seinem Bundesstaat sponsern. Es kann seine Stadt dynamisch und attraktiv für jeden machen, der dort lebt, während es hochqualifizierte Mitarbeiter einstellt und weitere anzieht. Bis zu einem gewissen Grad profitiert jeder Einzelne und jede Organisation davon, wenn die Profite und der Unternehmenswert einer Firma steigen.

Erfolgreiche Unternehmen schaffen nicht nur neue Arbeitsplätze vor Ort, sondern auch Verbesserungen auf sozialer und kommunaler Ebene. Organisationen der Gemeinde werden von kleinen, mittleren und großen Unternehmen gegründet. Wo erfolgreiche Unternehmen mit hohen Profiten agieren, ist auch genug Geld für Gemeinde und Soziales vorhanden.

Nur wenige Führungsverantwortliche sind sich dessen bewusst, aber wenn die Profite und der Aktienwert von HP, Ann Taylor, Apple, Google, Wal-Mart, Harley-Davidson oder Tausender anderer Unternehmen steigen, von denen wir noch nie gehört haben, betrifft das bis zu einem gewissen Grad jeden – den einen mehr, den anderen weniger –, ob er nun ein direkter Aktionär der Firma ist oder nicht. Jeder Unternehmenserfolg setzt sich in Wellenbewegungen durch die ganze Wirtschaftslandschaft fort.

Welche Rolle spielt die Verhaltensökonomie dabei? Eine Gewinnsteigerung zieht in 80 Prozent der Fälle eine Steigerung des Aktienwerts nach sich. Ein Wachstum des realen Umsatzes zieht in 80 Prozent der Fälle eine Gewinnsteigerung nach sich. Denken Sie daran, dass ein Unternehmen seinen Gewinn auf viele Arten steigern kann: zum Beispiel durch Implementieren eines gewaltigen Six-Sigma- oder Lean-Management-Programms, durch eine Restrukturierung der Bilanz, durch die Anwendung allgemein akzeptierter Bilanzierungsprinzipien oder durch die Ankündigung eines neuen Produktes oder einer wichtigen Übernahme. All diese Maßnahmen steigern den Aktienwert, aber authentischer, nachhaltiger Gewinn und Aktienwertsteigerung treten mit höchster Wahrscheinlichkeit als Ergebnis einer echten Steigerung der Verkaufszahlen auf, besonders wenn diese Steigerung der Verkaufszahlen natürlich ist. Natürliches Wachstum ist für das Stellenwachstum besser als beispielsweise ein Wachstum durch Unternehmensakquisitionen, denn Übernahmen vernichten mehr Arbeitsplätze, als sie schaffen.

Wenn Sie statistische Prognosen mögen, ist Ihre nächste Frage bestimmt: »Welche Maßnahme der Unternehmensführung oder welche verhaltensökonomische Variable schafft die besten Voraussetzungen für eine echte Steigerung der Verkaufszahlen?« Die Antwort lautet: Kundenbindung. Die Wissenschaftler bei Gallup nennen es emotionale Kunden*bindung*, nicht Kunden*zufriedenheit*, weil beim Zustand des »Zufriedenseins« nicht sicher ist, dass man mehr kauft und dies öfter tut. *Bindung* ist ein besserer Indikator für das Wachstum der Verkaufszahlen.

Die große Erkenntnis ist: Wenn die Kundenbindung steigt, steigen auch die Verkaufszahlen. Wenn ein Kunde seine Partnerschaft mit Ihrer Organisation auf einer Skala von 1 bis 5 bei 5 einstuft statt bei 4 oder schlechter (die meisten Führungskräfte glauben, 4 sei ein guter Wert, ist es aber nicht), dann wird er drei Dinge tun, die weniger emotional gebundene Kunden nicht tun:

1. häufiger kaufen

2. pro Besuch mehr ausgeben

3. höhere Margen bezahlen

Die amerikanischen, aber auch alle anderen Unternehmen weltweit sollten im Bereich Kundenbindung höchstmögliche Werte anstreben, denn damit gewinnen sie nicht nur Kunden für sich, sondern nach und nach alle Kunden weltweit, so wie es McDonald's, Cargill, Starbucks, IBM und anderen bereits gelungen ist. Anderenfalls werden die Unternehmen erst schleichend, dann jedoch ganz plötzlich von anderen übernommen, so wie die Deutschen und die Japaner die US-Automobilbranche übernommen haben und dominieren.

Der Wettlauf um die weltweiten Kunden ist gar nicht unähnlich dem Wettlauf im All. Um die Wirtschaftswelt zurückzuerobern, müssen die amerikanischen Unternehmen Sieger im Wettlauf um die Kunden sein, genau wie die Amerikaner die Ersten waren, die einen Menschen auf den Mond geschickt haben. Diese Form der Kundengewinnung erfordert vielleicht nicht, dass man all die Produkte tatsächlich für sie *herstellt*, aber sie verlangt doch Bestleistungen in Erfindung und Entwurf, Konstruktion, Strategie, Finanzierungstechniken, globaler Logistik, Führungsentwicklung, Beratung, Ausbildung und auch in den omnipotenten Unternehmensmodellen.

Kunden zu gewinnen bedeutet, in Unternehmergeist, Innovation und positiver Energie dem Rest der Welt weit voraus zu sein sowie die Weltführung im unendlichen Bereich der Entdeckungen und Anwendungen innezuhaben. Sie verstehen, worauf ich hinauswill: Amerika muss ein Verständnis für die Kunden weltweit, eine globale Kundenintelligenz besitzen wie sonst kein Land der Welt, und davon ausgehend dann seine Strategien entwickeln – indem man zuerst das entsprechende Geschäftsmodell findet und dann alles auf ein BIP-Wachstum von höchster Qualität setzt, um Amerikas Stellenmarkt anzukurbeln.

Wenn man dem Gallup-Pfad folgt, erkennt man, dass emotional gebundene Kunden der Motor für eine Steigerung der Verkaufszahlen und der Aktienpreise sind und emotionale Mitarbeiterbindung die emotionale Kundenbindung bedingt. Der stärkste Energiestrom in Ihrem Unternehmen ist an der Schnittstelle zwischen Mitarbeiter und Kunden zu finden – nicht bei einer der beiden Gruppen allein; die Energie fließt zwischen diesen beiden Polen.

Sicher brauchen Sie großartige Produkte, ein hervorragendes Marketing und eine ausgezeichnete traditionell-wirtschaftswissenschaftliche Grundlage, aber der wirkungsvollste Ansatz ist es, die Anzahl der emotional hoch gebundenen Mitarbeiter zu erhöhen. Mit gebundenen Mitarbeitern erzielen Sie einen prognostizierbaren Domino-Effekt: Emotional gebundene Mitarbeiter schaffen emotional gebundene Kunden, was wiederum für steigende Verkaufszahlen sorgt, die höhere Gewinne erbringen und letztlich den Unternehmenswert steigern. Und davon profitieren alle.

Führung durch Stärken

Damit das alles perfekt funktioniert, müssen sich die Unternehmen auf die Stärken konzentrieren – die Fähigkeit, kontinuierlich nahezu perfekte Leistungen in einer Tätigkeit zu erbringen –, und zwar bei jedem einzelnen Mitarbeiter. Gemeint sind nicht die Stärken des Unternehmens, sondern die jedes Einzelnen.

Deshalb beginnt der Gallup-Pfad mit dem »Erkennen von Stärken«. Im Idealfall passen die Talente und Stärken all Ihrer Mitarbeiter genau zu deren Aufgaben, und das ist von entscheidender Bedeutung, wenn Sie die emotionale Mitarbeiterbindung verdoppeln wollen.

Haben Sie die Stärken Ihrer Mitarbeiter erkannt, dann werden Sie einen Introvertierten nicht zum Vertriebsmitarbeiter machen oder Kaltakquisen von ihm verlangen, Sie werden nicht versuchen, einen hyperaktiven Marketing-Vertretertypen in einen Buchhalter zu verwandeln, und einen extremen Einzelkämpfer nicht zum Abteilungsleiter befördern. Wenn Sie einen Angestellten einmal geprüft, ein Gespräch mit ihm geführt und beschlossen haben, ihn einzustellen, dann müssen Sie ihm auch eine Aufgabe übertragen, die seinen angeborenen Talenten entspricht, sonst wird sich das Potenzial des Gallup-Pfades niemals entfalten.

Dann fehlt nur noch eine verhaltensökonomische Anforderung, und die ist wirklich wichtig und entscheidend für den erfolgreichen weiteren Verlauf. Haben Sie die Stärken eines Menschen sorgfältig diagnostiziert und ihm jene praktisch maßgeschneiderte Aufgabe übertragen, für die er ein echtes Talent besitzt und die er mit Begeisterung und Überzeugung erfüllt, dann sorgen Sie dafür, dass er einen ausgezeichneten Vorgesetzten hat.

Ein hervorragender Chef, der sich wirklich um die Entwicklung und Fortschritte des Mitarbeiters kümmert, schafft die Basisvoraussetzungen für ein verhaltensökonomisch betriebenes, energiegeladenes Unternehmen mit uneingeschränktem Potenzial. Ihrem Unternehmen sind dann in seiner Entwicklung keine Grenzen mehr gesetzt, es wird zum Kraftzentrum menschlicher Energie in Ihrer Stadt, zum Wirtschaftsmotor für BIP- und Stellenwachstum.

Ein einziges großes Unternehmen mit 100 Millionen Mitarbeitern

Ein Firmenleiter muss die bedeutsame Entscheidung treffen, wen er auf welcher Ebene als Abteilungsleiter einsetzt – wem er die Aufgabe überträgt, die Talente und Fähigkeiten anderer zu fördern. Wählt er gute Vorgesetzte aus, ist der Erfolg garantiert. Macht er jedoch die falsche Person zum Vorgesetzten, ist ein Scheitern wahrscheinlich. Nichts kann schlechte Abteilungsleiter besser machen, kein Coaching, kein Kompetenztraining, kein Incentive und keine Mahnungen.

Rechnen Sie diese Führungsregel um auf die Gesamtheit der mehr als 100 Millionen echten Vollzeitbeschäftigungen in den USA: In den meisten Betrieben kommt ein Vorgesetzter auf etwa zehn Angestellte. Wäre Amerika nun ein einziges, großes Unternehmen, dann hätte es 100 Millionen Angestellte, 10 Millionen Abteilungsleiter und 1 Million Führungskräfte als Vorgesetze eben dieser Abteilungsleiter. Nur 1 Million Führungskräfte entscheiden darüber, ob Amerika den Kampf um den weltweit besten Stellenmarkt gewinnt.

Das Problem ist nur, dass laut Gallup Economics eine von fünf US-Führungskräften als gefährlich unfähig eingestuft wird, und das ist noch eine vorsichtige Schätzung. Eine provokante Antwort auf die Frage, wie Amerika den chinesischen Arbeitsmarkt übertrumpfen könnte, lautet: Feuern Sie noch heute alle unfähigen Führungskräfte. Ersetzen Sie sie durch kompetente Führungskräfte. Wenn Sie unfähig sind, Mitarbeiter zu fördern und Teams zu leiten – feuern Sie sie. Wenn Sie dies schon nicht für Ihr Unternehmen tun, dann tun Sie es wenigstens für Ihr Land.

Die richtigen Führungskräfte sind das entscheidendste Kriterium für die Nutzung von Talenten in einer ganzen Gesellschaft, nicht nur auf dem Arbeitsmarkt. Von der Entscheidung, wer zur Führungskraft ernannt wird, hängen mehr Geld, Arbeitsplätze und BIP ab als von jeder anderen Entscheidung.

Vielleicht fragen Sie sich jetzt, wie es die USA als ein einziges großes Unternehmen überhaupt bis heute geschafft haben. Bis vor Kurzem führten die Vereinigten Staaten und die Europäische Union innerhalb ihrer eigenen Grenzen wie auch auf der ganzen Welt einen sehr gemäßigten Wettbewerb. Automobilhersteller, Elektronikkonzerne, Fernsehsender, Fluggesellschaften und viele andere Unternehmen genossen lange Zeit beinahe einen Monopolstatus, besonders in den 1960er-, 1970er- und 1980er-Jahren, je nach Branche. Es gab keinen Wettbewerb mit China, Indien oder Korea.

Die Menschen und ihr Potenzial waren in der Vergangenheit nicht so wichtig, nicht bis die Globalisierung wirklich anfing zu greifen. Vorgesetzte und Teams trugen in den 1990ern, besonders aber in den 1970ern und 1980ern, wohl keine so große Verantwortung für den Erfolg der Unternehmen, wie es heute der Fall ist.

Das Überleben im weltweiten Kampf um die Arbeitsplätze von morgen stellt neue Anforderungen an Führungskräfte. Sie müssen genau verstehen, welche Rolle der Mensch für sämtliche Ergebnisse spielt, und sie müssen die Fähigkeit haben, das Maximale aus seinem Potenzial herauszuholen. Dies ist die neue, grundlegende Rolle, die Verhaltensökonomie bei jeder Führungsverantwortung spielt.

Kapitel 9:
Kunden verstehen

Wenn die USA im Kampf um die Arbeitsplätze von morgen bestehen wollen, müssen sie Weltführer nicht nur in Unternehmergeist und Innovation sein, sondern auch in der Kundenforschung. Unser Land kann einfach keine neuen Arbeitsplätze schaffen, wenn es nicht die neuesten Forschungen der Welt nutzt, um weltweit Milliarden neuer Kunden zu gewinnen.

Einfach gesagt, neue Kunden aus aller Welt schaffen neue Arbeitsplätze in den USA. Deshalb muss Amerika in den kommenden fünf Jahren seinen Export mehr als verdreifachen – oder es schlittert weiter bergab. Der Kampf um die globalen Kunden ist das entscheidende Element in dem neuen Kampf um Arbeitsplätze und BIP-Wachstum. Wer Güter und Dienstleistungen verkauft und genügend Kunden hat, wird den Sieg davontragen. Die Vereinigten Staaten müssen in den kommenden dreißig Jahren ihren Export um durchschnittlich mindestens 10 Prozent steigern, um ihre Führungsrolle in der freien Welt aufrechtzuerhalten.

Chinas derzeitiger großer Vorteil gegenüber den Vereinigten Staaten ist, dass Kunden durch niedrige Preise angelockt werden. Diese Strategie kann tatsächlich funktionieren – nicht sehr gut, aber eine Zeit lang ganz ordentlich. Wenn China sich jedoch zusätzlich so weit entwickelt, dass es die Kunden und ihre Bedürfnisse besser versteht, als das die US-Unternehmen tun, dann verlieren die Vereinigten Staaten ihren Vorsprung.

Wenn Amerika zulässt, dass China – oder Indien oder irgendjemand sonst – in Verhaltensökonomie und Kundenforschung größere Erfolge erzielt als Amerika selbst, wird das Land den Kampf um die Arbeitsplätze verlieren. Das ist genau das, was Toyota, Volkswagen und andere Automobilhersteller mit den US-Automobilbauern getan haben. Sie haben den Kunden einfach besser zugehört und dann geliefert, was die Kunden wollten, und zwar zu fairen Preisen. Amerika kann es sich nicht leisten, die Einsichten aus der Kundenforschung und kundenzentrierte Innovationen an China oder irgendeinen anderen ausländischen Wettbewerber zu verlieren, es darf nicht einmal das Risiko eingehen.

Wenn diese Länder lernen, besseren Service zu liefern und die Kundenbedürfnisse besser zu erfüllen, brauchen die Kunden die amerikanischen Händler und Lieferketten nicht mehr. China wird seine eigenen Händler und Lieferketten aufbauen. Unsere besten Kaufhäuser, Ladengeschäfte, Banken, Autohändler, Restaurants, Supermärkte, Einkaufszentren und selbst die Kinos wären in chinesischer Hand, was bedeuten würde, dass auch die besten Cashflows, Margen und Aktienwerte sämtlich in ausländischem Besitz wären.

Erst kürzlich war ein Trend zu ausländischen Übernahmen von amerikanischen Unternehmen zu verzeichnen, und die Auswirkungen auf wirtschaftlicher und psychologischer Ebene an den Standorten der jeweiligen Firmenzentralen waren verheerend. Die InBev-Gruppe, ein belgisches Konglomerat, kaufte die amerikanische Ikone Anheuser-Busch auf. Damit starb ein kleines Stück von St. Louis. Der Finanzinvestor 3G Capital mit brasilianischem Hintergrund schluckte Burger King, und ein kleines Stück von Miami starb. Als ein venezolanisches nationales Ölunternehmen CITGO aufkaufte, starb ein kleines Stück von Houston. Als die Arcapita Bank, ehemals First Islamic Investment Bank, die Aktienmehrheit von Caribou Coffee kaufte, starb ein kleines Stück von Minneapolis. Keine Frage, wenn ausländische Unternehmen amerikanische Firmen übernehmen, verändert sich etwas. Die Amerikaner spüren, dass sie nicht mehr das sind, was sie einmal waren.

Es mag für manche Amerikaner widersinnig klingen, aber wir sollten alle zu Wal-Mart halten, egal welche persönlichen Animositäten man im Einzelnen gegen das Unternehmen haben mag. Wenn

Wal-Mart nicht all die kleinen Tante-Emma- und Gemischtwaren-läden geschluckt hätte, dann hätten das die Deutschen, die Japaner, die Franzosen oder ganz sicher die Chinesen getan. Jemand wird da-herkommen und es besser machen. Man sollte Wal-Mart, Target und Costco applaudieren, dass sie den Weg geebnet und den Einzelhan-del in Amerika neu erfunden haben, denn hätten sie es nicht getan, dann hätten die ausländischen Unternehmen das übernommen. Im Moment sind die großen Kaufhäuser beunruhigt wegen der »Ein-Dollar-Läden«. Das ist großartig – Amerikaner wollen, dass Ameri-kaner mit anderen Amerikanern im Wettbewerb stehen.

Die Kehrseite von Giganten wie Wal-Mart, Target oder Costco ist, dass sie schlecht geführte Unternehmen sind. Sie vernichten Arbeits-plätze. Ortsansässige Firmen, große oder kleine, die wenig Kompe-tenz im Umgang mit Kunden besitzen, werden von Unternehmen von außerhalb geschluckt. Die gefährlichsten sind die ausländi-schen. Arbeitsplätze entstehen in der Kombination mit Kunden und BIP-Wachstum, wobei Unternehmenseigentum und Kontrolle in amerikanischer Hand sein müssen.

Vielleicht denken Sie jetzt, ich sei ein Fürsprecher des Protektionis-mus. Das bin ich nicht. Ganz im Gegenteil, ich bin zu 100 Prozent für Handel, Wettbewerb und die Durchsetzung des Besten. Ich glau-be keinesfalls, dass Amerika Barrieren gegen ausländische Firmen errichten sollte.

Die Lösung liegt nicht darin, den Wettbewerb zu vermeiden, son-dern ihn zu dominieren. Die Amerikaner müssen mehr über die amerikanischen Kunden und die Kunden in aller Welt wissen als die Europäer, und ganz besonders mehr als die Chinesen, Brasilianer und Inder. Das Land, das die Bedürfnisse und Vorlieben aller 7 Mil-liarden Kunden am besten kennt, wird einen unbezahlbaren Vor-sprung im Kampf um die besten Arbeitsplätze haben.

Sicher, die Unternehmen sollten Managementmethoden wie Six Sig-ma, Lean Manufacturing, Reengineering, TQM und so weiter her-vorragend beherrschen. Diese Techniken sind alle erfolgreich und von entscheidender Bedeutung für eine führende Position, aber sie reichen nicht mehr aus. Ich weiß nicht, wie es in Ihrer Organisation ist, aber wir bei Gallup haben aus den meisten dieser brillanten Methoden den letzten Tropfen herausgepresst, und das hat uns viel gebracht. Doch die tief hängenden Früchte der Prozess- und Effizienzverbesserung sind schon alle abgepflückt. Was noch unberührt ist, sind die unabsehbaren Möglichkeiten, die sich in der emotionalen Ökonomie von Kunden auftun.

Tatsächlich ist einer der größten blinden Flecken in den meisten amerikanischen Unternehmen das fehlende Wissen darüber, welch große Bedeutung die emotionale Ökonomie innerhalb ihres eigenen Kundenstamms weltweit hat. Die besten Unternehmensführer der Vereinigten Staaten lassen noch immer riesige Geldsummen achtlos links liegen, indem die Mitarbeiter-Kunden-Beziehungen einfach unbeachtet bleiben, denn sie sind völlig fixiert auf die »harten Zahlen«, auch wenn sie schon jeden Dollar daraus herausgepresst haben.

Sie und Ihr Team können Ihre Exporte und den Verkauf im Ausland verdoppeln und vervierfachen, indem Sie die Zahl Ihrer aktuellen Kunden erhöhen, die Ihnen für die Partnerschaft eine 5 auf einer Skala von 1 bis 5 geben. Nehmen wir an, dass Ihnen 20 Prozent der Kunden eine Bestnote geben, was in etwa dem weltweiten Durchschnitt entspricht. Indem Sie diese Zahl auf 40 Prozent erhöhen, erzielen Sie eine Rekordsteigerung Ihrer Verkaufszahlen, ohne dass Sie auch nur einen Cent mehr für Werbung und Marketing ausgeben. Ihr Unternehmen wächst, Amerika wächst, die Stellenangebote wachsen.

In den zwanzig Jahren, seit ich Kunden analysiere, stellt dies die größte verpasste Chance in der gesamten Unternehmensführung dar – wohl weil es für die Führungskräfte leichter ist, nach gewissen vollmundigen Versprechungen dann doch einfach den Preis zu reduzieren und zurückzufallen in die klassische Ökonomie, deren Regel irrtümlicherweise besagt, dass jede Entscheidung rational ist. Was Kunden auf jeder Ebene wirklich wollen, ist jemand, der ihre Bedürfnisse zutiefst versteht und Ihnen ein vertrauenswürdigen Partner und Berater ist. Die Unternehmenswelt versagt bei dieser einen, entscheidenden verhaltensökonomischen Variablen mehr als in jedem anderen Bereich, dabei ist das für ein natürliches Wachstum in praktisch jeder Branche die Frucht, die am tiefsten hängt.

Unternehmer müssen erst noch lernen, dass Beziehungen die Preise schlagen und zwar unter fast allen Geschäftsbedingungen, vom Friseursalon bis zur Hightech-Consulting-Agentur. Wer die Bedürfnisse des Kunden am besten versteht, ist meistens der Sieger und bekommt die höchsten Margen. Deshalb übertrumpfen Talent und Beziehungen fast immer niedrige Preise – sie sind der Treiber für emotionale Kundenbindung. Um die emotionale Bindung von Kunden überall auf der Welt zu bewerten, haben unsere Wissenschaftler von Gallup die folgenden elf Fragen und Aussagen erarbeitet:

CE1: Wie zufrieden sind Sie insgesamt gesehen mit [Marke]?

CE2: Wie wahrscheinlich ist es, dass Sie weiterhin [Marke] wählen/kaufen werden?

CE3: Wie wahrscheinlich ist es, dass Sie [Marke] Freunden oder Kollegen weiterempfehlen werden?

CE4: [Marke] ist ein Name, zu dem ich immer Vertrauen habe.

CE5: [Marke] hält Zusagen immer ein.

CE6: Von [Marke] werde ich mit meinem Anliegen immer ernst genommen.

CE7: Wenn ich ein Problem habe, vertraue ich darauf, dass [Marke] eine zufriedenstellende Lösung bietet.

CE8: Ich bin begeisterter Kunde von [Marke].

CE9: Von [Marke] werde ich immer zuvorkommend behandelt.

CE10: [Marke] ist genau das richtige [Unternehmen/Produkt] für Menschen wie mich.

CE11: Ich kann mir eine Welt ohne [Marke] nicht vorstellen.

Wenn Amerika die Anzahl der emotional gebundenen Kunden – derer, die diese Aussagen mit einer 5 bewerten – weltweit verdoppelt, könnten wir damit unsere Wirtschaft retten und unsere Exporte mehr als verdreifachen.

Die Gallup Economics haben auch Standards für emotionale Kundenbindung festgelegt, wie sie für Business-to-Business-Unternehmen (B2B) gelten. Diese Aussagen prognostizieren am sichersten eine Steigerung der globalen, kundenbezogenen Verkaufszahlen:

➤ (Unternehmen X) verfügt über ein klares Verständnis unserer Geschäftsanliegen.

➤ (Unternehmen X) hatte einen bedeutenden Anteil an unserem Unternehmenserfolg.

➤ Die Geschäftsbeziehungen mit (Unternehmen X) sind einfach und unkompliziert.

➤ Ich halte die Repräsentanten von (Unternehmen X) für vertrauenswürdige Ratgeber.

Phil und Phil

Im Folgenden nun zwei Beispiele, die veranschaulichen, welch eine starke Wirkung es hat, wenn man die Wünsche und Bedürfnisse der Kunden versteht. In einem Fall hatte das Unternehmen die klare Strategie, auf den Kunden einzugehen und ihm einen Wert zu verkaufen, der wichtiger war als der Preis; im zweiten Fall kam die entscheidende emotionale Bindung im Wesentlichen durch Zufall zustande. Beide Beispiele haben Auswirkungen auf die Steigerung der realen Gewinne und die Schaffung von Arbeitsplätzen im Wert von Hunderten Milliarden Dollar.

Vor einigen Jahren bekam ich einen Anruf von der Abteilungsleiterin einer großen Telefongesellschaft. Sie machte mir ein Angebot für die bei Gallup laufenden Fernverbindungen, das uns auf die Schnelle 10 Prozent der Kosten eingespart hätte. Das war für uns eine Menge Geld. Und die Telefongesellschaften, deren Dienste wir in den USA und überall in der Welt in Anspruch nehmen, sind sich doch alle ähnlich. Sie alle funktionieren auf den ersten Blick gut, und alle Angebote hören sich überzeugend an. Da wir ein Unternehmen in Arbeitnehmerhand sind, schien es zunächst eine leichte Entscheidung, für ein Angebot zu einem deutlich niedrigeren Preis unseren langjährigen Partner fallenzulassen.

Ich rief unsere Top-Manager in der IT-Abteilung an, Phil und Phil, und sie sagten, sie würden es prüfen. Bald meldeten sie sich bei mir und empfahlen mir, bei unserem derzeitigen Technologiepartner zu bleiben – Partner A. Phil und Phil sind überaus kompetente technische Leiter in unserem Unternehmen, und ich war sicher, sie würden eine ausgezeichnete Erklärung dafür haben.

Phil und Phil beschrieben detailliert die Innovationen, die Partner A in den letzten fünf Jahren eingebracht hatte, darunter eine bahnbrechende Technologie, die dazu beitrug, dass ein Vertrag gerettet wurde und wir einen unserer besten Kunden behielten, ein großes, anspruchsvolles Handelshaus. Sie fanden, dass Partner A mehr bot als nur weltweite Verbindungen. Dieser Partner half uns, Kunden zu gewinnen, sie zu binden und die Kundenbeziehung zu entwickeln.

Phil und Phil berichteten, dass Partner A unsere Branche genauso gut oder sogar besser kenne als unsere eigenen Leute. Sie unterrichteten mich auch darüber, dass Partner A an einer neuen Telefonkonferenztechnik für uns arbeitete sowie am Aufbau eines neuen hochmodernen Interviewsystems in der gesamten Europäischen Union, das uns zum Technologieführer in unserem Bereich in der EU machen würde. Und sie unterstützten uns gerade dabei, ein komplexes Projekt in Brüssel zu gewinnen.

Partner A verfolgte eine vollkommene Strategie des organischen Wachstums. Eine solche Strategie hat Erfolg, wenn Unternehmen die Beziehungen zu bestehenden Kunden maximieren. Eine Kosteneinsparung von 10 Prozent wäre für uns deutlich spürbar gewesen, aber die Beziehung mit Beratungscharakter, die Partner A uns bot, war sehr viel wertvoller.

Die Buchhandlung um die Ecke

Im nächsten Beispiel spielte der Zufall eine große Rolle.

Als mein Sohn beschloss, Jura zu studieren, ging ich in die Buchhandlung in meiner Nähe in Georgetown, um mir das Buch *U.S. News & World Report: America's Best Colleges* zu kaufen. Das Geschäft hat drei Stockwerke voller Bücher, die über Rolltreppen erreichbar sind, eine große Musikabteilung und ein Starbucks-Café. Ich suchte im ganzen Laden und konnte den College Report nicht finden. Die Angestellte, an die ich mich wandte, telefonierte gerade mit einer Freundin und war leicht verärgert, dass ich sie störte. »Wenn es da nicht war, wo Sie gesucht haben, dann haben wir es nicht«, sagte sie und wandte sich wieder ihrem Telefongespräch zu. Mir kam es plötzlich so vor, als seien die Angestellten in diesem Laden nicht besonders hilfreich.

Natürlich beschloss ich, die Buchhandlung zu verlassen – und niemals wiederzukommen. Ich wollte diesen Ort boykottieren. Als ich gerade der Tür zustrebte, hielt mich, wie es der Zufall wollte, ein magerer, dem Anschein nach vielleicht fünfzehnjähriger Bursche auf, der ein Namensschild mit dem Schriftzug der Buchhandlung trug, und fragte: »Kann ich Ihnen helfen, suchen Sie etwas Bestimmtes?«

Er hatte nicht die tollste Verkäuferpersönlichkeit der Welt, und er tat auch nicht so. Er sagte nicht: »Wir freuen uns sehr, Sie hier begrüßen zu können.« Er sagte: »Kann ich Ihnen helfen, suchen Sie etwas Bestimmtes?« Nicht nur, dass er mir zielstrebig und unbeirrt half, meinen College-Führer zu finden, sondern er fand darüber hinaus ein weiteres Buch, das noch genauer meinen Wünschen entsprach – ein Buch speziell über juristische Fakultäten. Er grinste übers ganze Gesicht, weil er nicht nur gefunden hatte, was ich suchte, sondern überdies ein anderes Buch ausfindig gemacht hatte, das meine Bedürfnisse noch besser erfüllte.

Dann fragte er: »Gibt es sonst noch etwas, was Sie suchen? Kann ich noch etwas für Sie tun?« Ich fragte ihn, ob er das Buch *The United States of Europe* kenne. Er sagte ja, und es sei ein hervorragendes Buch. Ich sagte ihm, ich würde nicht so gerne allzu trockene wissenschaftliche Literatur lesen. Er garantierte mir, dass dieses Buch nicht so trocken geschrieben war. Am Ende kaufte ich zwei Bücher, die ich ursprünglich eigentlich gar nicht kaufen wollte, und wir sahen uns noch einige andere an, die ich vielleicht später kaufen würde, wenn ich wiederkäme.

Auch wenn mein Ausflug zur Buchhandlung einen schlechten Start hatte, stellte er sich als perfektes Beispiel für organisches Wachstum heraus, in diesem Fall durch Zufall. Als ich den Laden betrat, waren drei Ergebnisse möglich: Das Verkaufspersonal der Buchhandlung könnte miserabel sein und mir nichts verkaufen, was um ein Haar tatsächlich passiert wäre. Sie könnten gut sein und mir verkaufen, was ich suchte. Oder sie könnten hervorragend sein, indem sie herausfanden, was ich eigentlich brauchte – nämlich Informationen über juristische Fakultäten –, und indem sie mir rieten, etwas anderes zu kaufen, das ich brauchen konnte und von dessen Existenz ich nicht einmal wusste – und dann könnten sie dranbleiben und fragen, was ich sonst noch brauche, und mir eine weitere gute Empfehlung geben. Aus reinem Zufall trat die dritte Möglichkeit ein, als ich diesem hilfreichen mageren Burschen in die Arme lief.

Ich verließ den Laden voller Enthusiasmus und mit einem Gefühl des Triumphs wegen meiner neuen Bücher. Mein Verkäufer war aufrichtig begeistert, weil ich seinen Empfehlungen gefolgt war, und wir freundeten uns an. Ich gehe immer gezielt zu ihm, wenn ich in diesem Laden bin, und nie mehr kam ich auf die Idee, den Ort zu boykottieren.

Der Unterschied zwischen schlecht, gut und hervorragend ist Geld – eine Menge Geld.

Zu dieser Buchhandlungskette gehören etwa 1000 Filialen; sagen wir, in jede davon spazieren täglich 1000 Leute wie ich. Das macht 1 Million potenzielle Kundenbindungen pro Tag, an 365 Tagen im Jahr. Anders gesagt, 365.000.000 Kundenkontakte, bei denen es auf die Verhaltensökonomie ankommt.

Wenn jeder dieser Kontakte 50 Dollar Umsatz bedeutet, hätte diese Buchhandlungskette ein verhaltensökonomisches Potenzial von etwa 18 Milliarden Dollar über ihre eigentlichen Ziele hinaus, die im Wesentlichen darin bestehen, »Bestellungen aufzunehmen«. Diese Buchhandlungskette hat Verkaufszahlen von 10 Milliarden Dollar. Ihr ungenutztes verhaltensökonomisches Potenzial ist größer als ihr Gesamterlös. Das Problem ist, dass diese Buchhandlung Gefahr läuft, in finanzielle Engpässe zu geraten, nicht mit der Zeit mithalten zu können und am Ende von ausländischen Wettbewerbern ausgelöscht zu werden. Diese Gefahr besteht, weil man dort – verglichen mit dem Erlebnis, das ich in dem Laden mit diesem hilfreichen mageren Jungen hatte – wenig kompetent in Sachen Kundenzentrierung und Kundenwissen ist. Eine Buchhandlungskette kann sich nicht entfalten und Erfolg haben, wenn es reine Glückssache ist, dort auf hilfreiches Personal zu stoßen.

Managementpraktiken wie Six Sigma hätten dazu geraten, nur einfach die Bestellung des College-Führers entgegenzunehmen und dafür die 10 Dollar zu berechnen. Und hätte man das 10-Dollar-Geschäft verpasst, wäre es ein »Schwachpunkt« gewesen. Nun, das sicherlich auch. Aber man verpasst zudem eine weit größere Chance, wenn man den tatsächlichen Wunsch des einzelnen Kunden, der ihn überhaupt erst in diesen Laden geführt hat, nicht versteht und erfüllt – dabei liegen darin unbegrenzte Möglichkeiten.

Mehr Exporte

Fakt ist, dass alle Unternehmen ein Vermögen achtlos links liegenlassen. Das Geld steckt in dem, was Kunden haben wollen und bekommen – oder eben nicht. Wenn amerikanische Unternehmen ihre

Verhaltensökonomie vermasseln, brechen ausländische Firmen ihnen das Genick oder übernehmen sie. Jedes Mal, wenn ein amerikanisches Unternehmen an ein ausländisches Unternehmen verloren geht, wie Anheuser-Busch an InBev, Coors an Molson oder Chrysler an Fiat, sollten die Flaggen in den USA auf Halbmast stehen.

Noch einmal, ich plädiere hier nicht für einen Protektionismus, ganz im Gegenteil. Ich plädiere dafür, dass sich die Amerikaner bewusst machen, wie wichtig Unternehmen in US-amerikanischem Besitz sind, dass die Firmenzentralen in den USA angesiedelt sind und dass die Vereinigten Staaten die Kontrolle über die weltweit führenden Unternehmen haben. Die Aufrechterhaltung von Besitz und Kontrolle über alle Organisationen und Unternehmenszentralen in den Vereinigten Staaten ist im globalen Wettbewerb um die besten Arbeitsplätze wichtiger denn je.

Bei der Schaffung guter Arbeitsplätze geht es darum, das unendliche Gewinnpotenzial abzuschöpfen, das in globalem Wettbewerb und globalen Partnerschaften steckt. Der extreme Kapitalismus hat den extremen Sozialismus aus einem Grund überholt: Leistungsgesellschaft und Wettbewerb beschleunigen Fortschritt und menschliche Entwicklung. Der extreme Wettbewerb und die extreme Leistungsgesellschaft sind Amerikas Stützen. Und der ultimative Akt der Kundenzentrierung für jedes kleine, mittlere oder große Unternehmen ist der Export. Jeder im Führungsteam einer Firma, die einen Kunden irgendwo in der Welt findet und dorthin exportiert, ist ein amerikanischer Held.

Die kleinen, mittleren und großen amerikanischen Unternehmen müssen ihre laufenden Exporte von etwa 1,5 Billionen Dollar in den nächsten dreißig Jahren auf das Zwanzigfache steigern. Ich weiß, das hört sich unmöglich an, aber einen Mann auf den Mond zu schicken schien genauso unmöglich. Amerika kann das leisten, wenn man im Land versteht, dass es machbar ist, die Mehrheit der weltweiten Kunden zu gewinnen. Es kommt einfach nur darauf an, alle kurz- und langfristigen Strategien im Kern auf besseres Kundenwissen und bessere Kundenzentrierung auszurichten.

Doch ist Amerikas nächste Generation bereit für einen dreißigjährigen Wettstreit ums Ganze? Das ist eine ernste Frage. Die Antwort gibt das öffentliche Schulsystem der USA. Die Schüler und Studenten, die daraus hervorgehen, sind die neuen Player, und allein diese Tatsache ist Grund zur Besorgnis. Fast 80 Millionen der kommenden Innovatoren und Unternehmer – die Talentquelle der Zukunft – sitzen in diesem Moment in einer K-12-Klasse.

Kapitel 10:
K-12-Schulen – wo Unternehmer gemacht werden

An den Schulen der Vereinigten Staaten sind über 75 Millionen Schüler registriert – fast 50 Millionen davon in den fünften bis zwölften Klassen. Sie sind die Nachfolger der heutigen Unternehmensführer. Das Problem dabei ist, dass annähernd 30 Prozent dieser Schüler die Schule abbrechen oder den regulären Schulabschluss nicht schaffen. Das gibt dem Rest der entwickelten Welt einen enormen Vorsprung vor den Vereinigten Staaten im bevorstehenden Kampf um die wirtschaftliche Vorherrschaft.

Wenn dieses Problem nicht ganz schnell behoben wird, verlieren die Vereinigten Staaten den nächsten weltweiten Kampf der Wirtschaft um die besten Arbeitsplätze, weil seine Protagonisten nicht lesen und schreiben oder nicht so präzise denken können wie ihre Gegenspieler in diesem sehr ernsten Wettstreit – ihr Talent wird nicht maximal gefördert. Was noch vernichtender ist: Gallup nimmt an, dass man den Esprit und die Hoffnung dieser Schüler unwiederbringlich zerstört.

Die Erziehungswissenschaftler in den Vereinigten Staaten geben offen zu, dass man selbst mit der besten Wissenschaft und den eifrigsten Bemühungen nicht annähernd eine Lösung für dieses Problem gefunden hat. Die Bill & Melinda Gates Foundation hat die besten Erziehungswissenschaftler des Landes versammelt und 2 Milliarden Dollar zur Verfügung gestellt, damit Experten mit mehreren Tausend K-12-Schulen experimentieren können, um die Zahl der Schulabbrecher zu senken. Ohne Erfolg. Die Regierung steckte 4,35 Milliarden Dollar in das Wettbewerbsprogramm *Race to the Top*, und noch immer gibt es keine Verbesserungen im Schulbereich. Nur 17 Prozent der Charter Schools[3] sind besser als die regulären öffentlichen Schulen. Hervorragende amerikanische Einrichtungen versuchen jeden Tag, diesem Problem beizukommen und irgendeine Verbesserung herbeizuführen. Bisher haben alle versagt. Natürlich gab es einige wenige brillante Initiativen, mit denen man an einzelnen Schulen Wunder gewirkt hat, aber diese Lösungen erwiesen sich als nicht übertragbar.

Braucht Amerika mehr durchgreifende, nationale Programme wie *No Child Left Behind*[4], die eine Verbesserung der Schulabschlusszahlen zum Ziel haben? Oder vielleicht mehr Geld für Lehrer? Oder ein völlig neues Vergütungssystem? Wird *Race to the Top* nur wieder eine von vielen gescheiterten nationalen Initiativen sein, weil niemand sie auf lokaler Ebene unterstützt? Tragen die Lehrergewerkschaften die Schuld, weil sie inkompetente Lehrer schützen, oder liegt es an schwierigen Familienverhältnissen und schlechter Erziehung im Elternhaus? Brauchen die USA ein komplett neues Schulsystem, das bessere Charter Schools aufbaut? Amerika ist zwischen diesen Lösungsansätzen hin- und hergerissen. Keiner davon scheint zu greifen.

Vielleicht denken manche Amerikaner, die Regierung solle mehr Geld für Bildung und Erziehung ausgeben. Auch viele Führungsverantwortliche halten das für die Patentlösung. Doch wir von Gallup stellen schon seit über fünfundsiebzig Jahren immer wieder fest, dass Geld nur selten die Lösung großer Probleme bewirkt. Im Gegenteil, manchmal ist die Lösung umso kostengünstiger, je größer das Problem ist. Kostspielig ist vor allem der Versuch, die Ergebnisse *im Nachhinein* zu verbessern, anstatt Strategien zu entwickeln, die beim Verhalten und bei den Ursachen ansetzen.

---

[3] *neue öffentliche Schulform in den USA neben den klassischen Schulformen Elementary, Middle- und Highschool, die den Anforderungen der Globalisierung gerecht werden soll, d. Übers.*
[4] *Gesetz zur Verbesserung der Qualität der Schulen in den USA, d. Übers.*

Verhaltensökonomie für öffentliche Schulen

Laut aktuellen Trends brechen 43 Prozent der männlichen Schwarzen die Highschool ab, und davon landen am Ende über die Hälfte im Gefängnis. Diese statistischen Zahlen und die daraus abgeleiteten Berechnungen sind hilfreich für die regionale Verwaltung, damit man weiß, wie viele Gefängnisse man bauen muss, aber sie verraten nichts darüber, wie man Kinder und Jugendliche in Wirtschaftsmotoren verwandelt.

Wie kann man diese Entwicklung umkehren? Mit dem Wissen, was der Grund für den Schulabbruch ist und welche Strategien ihn verhindern könnten. Das ist eigentlich nicht so schwer: Gallup hat festgestellt, dass Jugendliche die Schule abbrechen, *wenn sie die Hoffnung verlieren, dass sie den Abschluss schaffen können.* Das ist der zentrale Grund, nicht dass sie in Gangs hineingeraten oder Burger braten müssen, um ihre Familien zu unterstützen.

Sie verlieren die Hoffnung auf einen Schulabschluss, weil sie sich nicht darauf freuen und nicht gespannt sind, was in ihrem Leben als Nächstes passiert. Sobald sie diese Resignation über ihre Zukunft empfinden, steigen sie innerlich aus. Das Fehlen einer Vision oder der Vorfreude auf die Zukunft ist die *Ursache,* warum die Schule abgebrochen wird. Schüler müssen in diesem Moment oder noch davor aufgefangen werden, noch ehe sie die Hoffnung verlieren. Und wenn man sie nicht rechtzeitig auffängt, geben sie nicht nur die Schule auf, sondern auch das Leben.

Das Problem lässt sich beheben, wenn Amerika seine Strategien auf die Ursache der Hoffnungslosigkeit richtet anstatt auf deren Auswirkungen. Deshalb muss die Strategie in Bildung und Erziehung zuallererst von der Hoffnung ausgehen, nicht von Noten und Anwesenheit in der Klasse, denn der Verlust der Hoffnung zieht ja erst schlechte Noten und Schulschwänzen nach sich. Die Wissenschaftler von Gallup haben herausgefunden, dass die Hoffnung ein besserer Indikator für schulischen Erfolg ist als Noten oder Testwerte.

Die Hoffnung zu steigern ist nicht einfach, aber es ist möglich. Und man muss das auf lokaler Ebene tun, nicht auf nationaler. Nur ein Vorgehen, das sich auf die lokale Ebene konzentriert, hat eine Chance.

1. *Sorgen Sie dafür, dass alle Gruppen vor Ort das Ziel verfolgen, Engagement und Selbstvertrauen der Schüler zu stärken, damit sie den Schulabschluss schaffen können.* Ich weiß, das klingt fast zu einfach, aber es ist der zentrale Punkt, an dem die Gallup-Forscher die Hoffnung der Schüler festmachen konnten. In genau diesem Gefühlszustand liegt die Lösung. Die Erziehungsforschung bei Gallup ebenso wie die meisten anderen diesbezüglichen Daten belegen, dass der wichtigste Faktor für das Engagement von Schülern der Lehrer ist. Jugendliche stehen unter dem Einfluss ihrer Familien und ihrer Umgebung, aber der Schlüssel für das Selbstvertrauen ist der Lehrer.

Eltern, Lehrer und Mentoren täten gut daran, das Selbstvertrauen und die Hoffnung eines Schülers ebenso oder noch mehr zu fördern als die Techniken des Dividierens und Multiplizierens. Und das Ziel eines Schülers ist nicht der Schulabschluss, sondern ein Job – oder besser noch eine vielversprechende Karriere. Die Verantwortlichen müssen erkennen, dass das System derzeit all seine Ressourcen in gescheiterte Aktivitäten investiert statt in die Prävention.

In meinem Apartmentgebäude gibt es eine Putzfrau namens Mary. Eines Morgens lernte ich ihren neunjährigen Sohn AJ kennen. Er sah mir geradewegs ins Gesicht, und das Erste, was er fragte, war: »Wo arbeitest du?« Ich sagte: »Bei Gallup.« Er fragte, was ich bei Gallup tue, und ich erzählte ihm, dass wir Menschen Fragen stellen, ihre Antworten aufschreiben und dann berichten, was wir erfahren haben. Er fand, das höre sich nach einem tollen Job an, und fragte: »Kann ich auch da arbeiten?«

Ich erklärte ihm, da müsse er erst zu mir zum Bewerbungsgespräch kommen. Also kam er eines Tages vorbei und setzte sich in mein Büro, und ich führte das Gespräch mit ihm, während seine Mutter unten auf ihn wartete. AJ war sehr gut vorbereitet. Er hatte im Internet recherchiert und etwas über mich und unseren Gründer, Dr. George Gallup, gelesen. Es war sehr beeindruckend.

Wir spazierten dann gemeinsam in den Büros der Gallup-Mitarbeiter herum und fragten die Leute, was sie taten und wie sie bei Gallup ihren Lebensunterhalt verdienten. Er war ganz begeistert von dem Gedanken, einmal ein Analyst in leitender Position zu werden. AJs bestes Schulfach ist Mathe.

AJ war von Gallup beeindruckt und Gallup von AJ. Also sagte ich ihm, er habe das Bewerbungsgespräch bestanden, er sei eingestellt und wir erwarteten, dass er bei uns arbeiten werde, wenn er mit der Schule fertig sei. Bis dahin könne er in den Ferien für uns jobben.

Er fragte mich, wie er sich am besten vorbereiten solle. Ich riet ihm, immer Bestnoten in Mathe zu schreiben und nach Führungspositionen bei seinen bevorzugten Freizeitgruppen zu streben. AJ schreibt glatte Einsen in Mathe und ist Kapitän seiner Fußballmannschaft – nahezu perfekte Voraussetzungen, um bei Gallup Analyst in leitender Funktion zu werden.

AJ schreibt mir E-Mails, wie er in der Schule vorankommt. Aber er schreibt mir auch von vielen anderen Jobs, die ihn vielleicht interessieren würden. Er achtet darauf, mich nicht zu verletzen, aber er hat sich schon gefragt, wie viel man als Schauspieler verdient, wie viel als Arzt; er hat sich Gedanken gemacht, ob er ein eigenes Unternehmen gründen sollte. Ich sagte ihm, er könne seine eigene Firma gründen, und ich würde ihm dabei helfen, aber er solle zuerst zu Gallup kommen und dort zumindest ein paar Jahre arbeiten.

AJ und ich haben keine »Noten«-Beziehung. Wir haben eine »Job«-Beziehung. Wenn er so weitermacht wie bisher, wird AJ ohne Frage einen bedeutenden, wenn nicht sogar ruhmreichen Beitrag innerhalb Amerikas erwerbstätiger Bevölkerung leisten.

2. *Verwenden Sie die kostenlose Gallup-Schülerumfrage als zentrales Messinstrument der Verhaltensökonomie.* Führen Sie sie jedes Frühjahr und jeden Herbst mit jedem Schüler an jeder Schule Ihrer Stadt durch. Die internetbasierte Software von Gallup ist gestaltet wie eine Volkszählung, also müssen Sie jeden Schüler von der fünften bis zur zwölften Klasse mit einbeziehen. Die Software befragt die Jugendlichen und zeichnet ihre aktuellen inneren Einstellungen auf. Dies liefert Ihren Schulen und Stadtoberhäuptern die ersten aktuellen verhaltensökonomischen Messzahlen – die ersten Daten, über die sie je verfügt haben, um Strategien zu entwickeln, bevor es zu spät ist. Ist die Flamme der Hoffnung in einem Schüler nämlich erst einmal erloschen, dann ist es fast unmöglich, sie wieder zu entfachen.

Die Gallup-Schülerumfrage lautet folgendermaßen:

1. Stell dir eine Leiter vor, deren Sprossen von null ganz unten bis zehn ganz oben nummeriert sind. Das obere Ende der Leiter steht für das bestmögliche Leben, das du führen kannst, das untere Ende für das schlechtestmögliche Leben, das du führen kannst. Auf welcher Sprosse stehst du nach deiner eigenen Einschätzung gerade? Was glaubst du, auf welcher Stufe du in etwa fünf Jahren stehen wirst?

2. Ich weiß, dass ich den Highschool-Abschluss schaffen werde.

3. Es gibt einen Erwachsenen in meinem Leben, dem meine Zukunft wichtig ist.

4. Ich kenne viele Möglichkeiten, um gute Noten zu bekommen.

5. Ich verfolge meine Ziele mit Energie.

6. Ich kenne viele Möglichkeiten, mit Problemen umzugehen.

7. Ich weiß, dass ich nach der Schule eine gute Arbeitsstelle finden werde.

8. Ich habe in der Schule einen besten Freund.

9. Ich fühle mich an meiner Schule sicher.

10. Meine Lehrer geben mir das Gefühl, dass es wichtig ist, was ich in der Schule leiste.

11. An dieser Schule habe ich die Möglichkeit, jeden Tag das zu tun, was ich am besten kann.

12. In den letzten sieben Tagen habe ich Anerkennung oder Lob für eine gute Leistung in der Schule bekommen.

13. An meiner Schule hat man das Ziel, die Stärken jedes einzelnen Schülers zu fördern.

14. Im letzten Monat habe ich mich ehrenamtlich engagiert, um anderen zu helfen.

15. Hat man dich gestern den ganzen Tag respektvoll behandelt?

16. Hast du gestern viel gelächelt oder gelacht?

17. Hast du gestern etwas Interessantes gelernt oder getan?

18. Hattest du gestern genug Energie, um alles zu schaffen?

19. Hast du gesundheitliche Probleme, durch die du irgendetwas nicht tun kannst, was Kinder oder Jugendliche in deinem Alter normalerweise tun?

20. Hast du Verwandte oder Freunde, auf die du dich bei Problemen verlassen kannst und die immer da sind, wenn du sie brauchst?

3. *Reduzieren Sie die Zahl der Schüler ohne Hoffnung auf einen Schulabschluss auf die Hälfte.* Wenn Sie und Ihre Gemeindeoberhäupter diese Zahl halbiert haben, dann haben Sie das Problem mit der Quote der Schulabbrecher in Ihrer Stadt oder Gemeinde gelöst, weil Sie es auf den richtigen Weg gebracht haben.

4. *Beziehen Sie sämtliche sozialen Organisationen vor Ort mit ein.* Veranstalten Sie ein großes Kick-off-Meeting. Laden Sie dazu Vertreter großer Jugendhilfeorganisationen ein. Auf der Agenda des Kick-off-Meetings sollten zwei Punkte stehen: »Wie kann jeder von uns auf das Selbstbewusstsein und die Zuversicht der Schü-

ler einwirken?« Und: »Wie können wir all unsere Kräfte bündeln, um Selbstbewusstsein und Zuversicht zu verdoppeln?«

5. *Verdoppeln Sie die Hoffnung der Schüler.* Die Jugendhilfeträger, die zu Ihrem Kick-off-Meeting erscheinen, werden wissen, wie das möglich ist. Sie haben hervorragende Leute mit starken Visionen und Zielen und können mehr Antworten geben als irgendjemand sonst. Sie werden zu Schülermentoren, und sie finden andere, die es ihnen gleichtun. Jeder Jugendliche braucht einen Mentor.

Wenn Sie auch sonst aus diesem Kapitel nichts mitnehmen, dann doch wenigstens folgende Erkenntnisse:

1. Es gibt keine nationale Lösung für das kräftezehrende Problem der Schulabbrecher, und Amerika kann sich keinen Ausweg daraus erkaufen. Jede bahnbrechende Lösung findet auf lokaler Ebene statt. Dieses Problem wird so lange Amerikas Achillessehne bleiben, bis alle Führungsverantwortlichen in Ihrer Stadt sagen: »Ich würde lieber sterben, als meine Stadt ohne Zukunft zu sehen« – was der Fall sein wird, wenn man dieses Problem nicht in den Griff bekommt – und dann selbst die volle Verantwortung für dessen Lösung übernehmen. Es läuft am Ende tatsächlich auf gute Lehrer und Mentoren für jedes einzelne Kind hinaus.

2. Dies ist nicht das Problem der *öffentlichen Schulen*. Das muss sich tief in Ihr Bewusstsein eingraben. Es ist ein Problem, das die *ganze Stadt* betrifft. Wenn Sie die Schulen verbessern wollen, dann müssen Sie mit Ihrer gesamten Stadt gegen das Problem Schulabbrecher angehen – Schüler für Schüler, Schule für Schule und Stadt für Stadt.

3. Die Zahl der Schulabschlüsse ist eines der sichersten Kennzeichen für die zukünftige Entwicklung von Innovation, Unternehmergeist und in der Folge für Stellen- und BIP-Wachstum in Ihrer Stadt. Wenn man in Ihrer Stadt die Schulabbrecherquote und

das wirtschaftliche Potenzial der Jugend nicht in den Griff bekommt, und zwar sofort, dann werden die Arbeitsplätze, die für Ihre Stadt perfekt gewesen wären, nach Schanghai, Peking, Santiago, Mumbai, Delhi, Seoul, Dublin, São Paolo, Mexico City und Singapur verlegt.

4. Ausgehend von sämtlichen Daten und Forschungen über Unternehmergeist, die Gallup je gesammelt hat, würde ich sagen, die sicherste Auskunft darüber, ob Sie und Ihre Stadt es schaffen oder nicht, gibt Ihnen »das Bild und die Einstellung der Fünft- bis Zwölftklässler vom freien Unternehmertum und Unternehmergeist«. Je besser das Bild, desto eher wird Ihre Stadt es schaffen. Wenn Ihre Stadt kein wachsendes Energieniveau bei den Fünft- bis Zwölftklässlern verzeichnet, werden Sie weder Stellenwachstum noch BIP-Wachstum erleben.

Im Einzelnen können Führungskräfte vor Ort die folgenden Schlüsselaussagen und -fragen verwenden, um das Potenzial der Fünft- bis Zwölftklässler für Unternehmergeist und freies Unternehmertum zu messen:

1. Ich habe vor, ein eigenes Unternehmen zu gründen.

2. Ich werde etwas erfinden, das die Welt verändern wird.

3. Mein Gehirn hört niemals auf zu denken.

4. Ich gebe niemals auf.

5. Ich habe keine Angst vor Risiken, auch wenn es vielleicht schiefgeht.

6. Ich will mein eigener Chef sein.

7. Je mehr Bildung ich habe, desto mehr Geld werde ich verdienen.

8. In meiner Schule bringt man mir etwas über Geld und Finanzwesen bei.

9. In meiner Schule gibt es Kurse darüber, wie man ein Unternehmen gründet und führt.

10. Hast du ein Bankkonto, auf dem ein Guthaben ist?

11. Machst du gerade ein Praktikum bei einem Unternehmen in deiner Stadt?

12. Hat jemand von deinen Eltern oder Aufsichtspersonen schon mal ein Unternehmen gegründet?

13. Hast du im Moment ein eigenes Unternehmen?

14. Wie viele Stunden hast du letzte Woche für Geld gearbeitet?

Diese Aussagen und Fragen bilden den Gallup-HOPE-Index. Sie ermitteln den Kenntnisstand Ihrer Schüler im Finanzwesen sowie ihre Einstellung zu Unternehmertum und Innovation, und dies wiederum lässt Schlüsse über die zukünftige Wirtschaftskraft in Ihrer Stadt zu.

Die Städte brauchen die Ergebnisse dieser Umfrage von jeder Schule, aber die aussagekräftigste verhaltensökonomische Größe ist die Richtung und Geschwindigkeit, in der sich diese Zahlen entwickeln, ihre Trends. Wenn sich also das Bild verbessert, das Ihre Jugend vom freien Unternehmertum und Unternehmergeist hat, können Sie auf ein Stellenwachstum zählen. Wenn der Trend nach unten geht, müssen Sie dringend gegensteuern.

Kapitel 11:
Ohne vernünftiges Gesundheits-
wesen kein Stellenwachstum

Die Schulabbrecherquote in Amerika ist eine Schande, und wie sie zustande kommt, ist ein Desaster. Aber man kann ihr mit bereits verfügbaren Mitteln sowie mit verantwortungsvollen und entschlossenen Führungskräften beikommen.

Es gibt jedoch noch ein weiteres Problem, das Amerikas Stellenmarkt und BIP-Wachstum bedroht. Wird es nicht gelöst, dann treibt es das Land in den Ruin, und die Schulabbrecherquote und alle anderen Schwachpunkte, die ich in diesem Buch angesprochen habe, werden irrelevant.

Das Problem ist das Gesundheitswesen.

Es ist unmöglich, den Wettlauf um die qualifizierten Arbeitsplätze von morgen zu gewinnen, wenn die Vereinigten Staaten ihre fehlgeleiteten Strategien im Gesundheitswesen fortsetzen. Die astronomisch hohen Kosten der Gesundheitsversorgung hindern Amerika daran, in Zukunft wieder den Spitzenplatz einzunehmen. Sie müssen gesenkt werden, sonst drosseln sie die Energiezufuhr für Unternehmergeist und Innovation. Wenn das passiert, dann wird alles andere unwesentlich.

Die Kosten des Gesundheitswesens sind im Moment der größte Aderlass in Amerikas Staatshaushalt. Ich glaube nicht, dass irgendein Wirtschaftswissenschaftler, egal welcher politischen Gesinnung, dies bestreiten wird. Man hat so viel Geld in Maßnahmen gesteckt, um kranke Menschen nicht noch kranker werden zu lassen, dass praktisch alle anderen Institutionen in Amerika geschwächt wurden. Das Gesundheitswesen saugt mehr gutes Geld aus unserem früher einmal hervorragend laufenden Wirtschaftsmotor, als irgendein Verantwortlicher dies jemals zugegeben hätte. Dabei kümmerte man sich in erster Linie darum, »wer noch nichts hat« und »wer wofür zahlt« anstatt darum, die eigentlichen Kosten für das Gesundheitswesen zu senken.

Und nun eine beängstigende Tatsache: Keine einzige Institution oder Gruppe in Amerika hat je irgendeinen Fortschritt bei der Lösung dieses Problems erzielt. Alle haben es versucht, und alle sind gescheitert. Der Kongress hat Gesetze zum Gesundheitswesen verabschiedet, bei denen es darum geht, *wie man für die Kosten aufkommt,* aber nicht, *wie man die Kosten reduziert.* Die Gesamtkosten des Gesundheitswesens steigen in schwindelerregendem Tempo weiter.

Die derzeitige Regierung und der Kongress arbeiten daran, wie sie das Problem *finanzieren,* nicht daran, wie sie es *lösen* können. Und nur wenige Amerikaner haben den Mut, eine Lösung anzustreben, denn eine kurz- oder langfristige deutliche Kostenreduzierung im Gesundheitswesen ihrer Wählerschaft würde schmerzliche Einschnitte von historischer Tragweite bedeuten. Führungsverantwortliche beider Flügel besitzen wohl die erforderliche Intelligenz für eine solche Lösung, nicht aber den Mut.

Weil aber die Kosten für das US-Gesundheitswesen unvorstellbare Dimensionen erreicht haben, muss das Land nicht nur die Steuern der Reichen, sondern alle Steuern anheben, auch die sämtlicher kleinen, mittleren und großen Unternehmen. Amerika hat den Punkt erreicht, an dem die Kosten des Gesundheitswesens alles andere ersticken, und dies zu einem Zeitpunkt, da es sich das Land einfach nicht leisten kann. Die USA verwenden zu viel von ihren Ressourcen auf Krankheiten anstatt zur Gewinnung neuer Kunden. Das Geld fließt an die falsche Stelle: vermeidbare Krankheit statt nachhaltiger Schaffung von Arbeitsplätzen.

Außerdem untergraben die Kosten des Gesundheitswesens und die dadurch verursachte Besteuerung kleiner und mittlerer Unternehmen die Zuversicht, die diese brauchen, um etwas zu wagen und zu wachsen. Damit kosten sie letztlich Arbeitsplätze.

Zyniker sagen – und vielleicht haben sie damit Recht –, dass General Motors eine Krankenversicherung ist, die sich über die Produktion und den Verkauf von Autos finanziert. Das Unternehmen hat 2004 immerhin 5,2 Milliarden Dollar für die Gesundheitsversorgung ausgegeben, also sehr viel mehr, als es für den Einkauf von Stahl aufwendet. Da liegt die Vermutung nahe, dass Amerika nur überlebt, indem es Produkte herstellt und Dienstleistungen anbietet, um für seine exorbitanten Gesundheitskosten aufzukommen.

Denken Sie daran, die Regierung der USA »besitzt« kein Geld. Die Regierung der USA weist Geld zu und gibt Geld aus, das sie in Form von Steuern einzieht. Leider druckt sie auch Geld und macht Schulden bei Wettbewerbern wie China. Doch das ist wieder ein anderes Problem, genau wie die Tatsache, dass die Regierung viel mehr ausgibt, als sie an Einnahmen hat. Doch die Regierung beginnt jedes neue Steuerjahr mit null. Es findet kein Cashflow statt, bis die Steuergelder eingehen.

Die jahrzehntelang brummende Wirtschaft des Landes schuf die Grundlage für den Aufbau umfangreicher staatlicher Sozialprogramme, weil es der Regierung möglich war – weil der Sprung des BIP auf etwa 15 Billionen Dollar in den vergangenen dreißig Jahren eine stabile Steuergrundlage mit sich brachte. Heute wird der enorme Cashflow, den der Staat und all seine Bürger mit ihren hohen staatlichen Bezügen gewohnt waren, durch die Kosten des Gesundheitswesens aufgezehrt. Deshalb ist dieses zu einem so gravierenden Problem geworden.

Das Gesundheitswesen ist das größte und unmittelbarste staatliche Finanzproblem, und es gibt bislang keine Lösung, weil die Regierenden der USA einen falschen Ansatz verfolgen. Im Folgenden lesen Sie, was Sie als Führungsverantwortlicher über die Krise im Gesundheitswesen wissen müssen, um sie in Ihrer Stadt in den Griff zu bekommen:

1. Das neue Gesetz zur Reform des Gesundheitssystems ist kein »Gesetz zum Gesundheitswesen«. Es ist ein Versicherungsgesetz, das sich mit Kostendeckung und Finanzierung befasst. Eine Begründung, warum Amerika mit so unerschwinglichen Kosten zu kämpfen hat, fehlt ebenso wie eine Strategie zur Vermeidung von Gesundheitsproblemen. Das Gesetz verändert lediglich die Richtung, in die das Geld fließt, und entscheidet darüber, wer Gesundheitsversorgung bekommt und wer dafür zahlt.

2. Die bahnbrechenden Veränderungen, welche die Regierenden zukünftig im Gesundheitswesen einführen, werden im Bereich der Verhaltensökonomie und ihrer Wissenschaft zu finden sein, nicht in den medizinischen Laboren. Sie werden definitiv nicht von komplexen Finanzregulierungen kommen, die jedem die Schuld zuschieben außer dem ungesunden Amerikaner. Die große Lösung wird man nur in der Verhaltensökonomie finden, denn der einzige Ausweg besteht darin, die Amerikaner zu ermutigen und ihnen das Ziel vorzugeben, ihr Verhalten in Hinsicht auf Essen, Rauchen, Sport und Lebensstil zu verändern – also in der Prävention. Erinnern Sie sich an den japanischen Abgeordneten, der sagte, dass die Amerikaner fett und träge geworden seien? Wenn ein Großteil der 300 Millionen US-Bürger seinen Lebensstil, besonders in puncto Essen, nicht umstellt – so die Feststellung von Gallup Economics –, lässt sich die Spirale der Gesundheitskosten, die sich unkontrollierbar nach oben schraubt, nicht aufhalten.

3. Im Gallup-Healthways Wellbeing Index, der umfangreichsten Studie über die körperliche Verfassung, die es je gab, stellte man fest, dass fettleibige und übergewichtige Menschen weniger physische und psychische Energie haben als schlanke, dass Menschen, die nicht genügend Schlaf bekommen, weniger leistungsfähig sind, und dass Menschen mit finanziellen Sorgen einer höheren Stressbelastung ausgesetzt sind. Dies führt zu unerschwinglichen Kosten in der Gesundheitsversorgung ebenso wie zu Trägheit bei Amerikas erwerbstätiger Bevölkerung. Letztlich kostet die ungesunde Lebensweise

die amerikanischen Steuerzahler Billionen Dollar, die man für die Schaffung von zusätzlichen Arbeitsplätzen hätte verwenden können.

4. Die einzige Möglichkeit, dies in den Griff zu bekommen, liegt in gezielten Strategien von Städten und Unternehmen zur Verbesserung von Gesundheit und Wellbeing, die sich besonders auf den Kampf gegen die Fettleibigkeit konzentrieren sollten, und zwar ebenso erfolgreich wie die Kampagne gegen das Rauchen.

Wenn das Desaster im Gesundheitswesen nicht bereinigt wird, bringt es die US-Wirtschaft zum Erliegen und legt die Zukunft des Kapitalismus sowie die besten Arbeitsplätze in die Hände von China, Indien und anderen Ländern. Allein die Kosten der Gesundheitsversorgung werden dem Land das Genick brechen, weil es um so enorme Summen geht. Amerika kann sich hier nicht wieder freikaufen wie in so vielen anderen Fällen.

Bevor ich erläutere, wie eine Führung auf Basis der Verhaltensökonomie dieses katastrophale Problem für die Vereinigten Staaten und Ihre Stadt lösen kann, sehen wir uns noch einmal die Ausmaße dieses Meteoriten aus untragbaren Kosten an, der auf uns zurast.

Die Ausmaße des Problems

1. 2009 haben die Vereinigten Staaten 2.500.000.000.000 Dollar für Gesundheitsversorgung ausgegeben – zweieinhalb Billionen. Fast die Hälfte davon kommt aus den Programmen Medicare[5] und Medicaid[6] (aus Steuermitteln). Die andere Hälfte setzt sich aus privaten Versicherungen und Zahlungen aus eigener Tasche zusammen.

---

[5] *Gesundheitsfürsorgeprogramm vor allem für Personen mit geringem Einkommen, Kinder und Behinderte, dessen Kosten Staat und Bundesstaat sich teilen, d. Übers.*
[6] *Gesundheitsfürsorgeprogramm vor allem für ältere Menschen, d. Übers.*

2. Das ist der höchste Kostenfaktor überhaupt in Amerika. Die Kriege in Afghanistan und im Irak kosten etwa 200 Milliarden Dollar im Jahr. Die jährlichen Kosten der Gesundheitsversorgung liegen zehnmal so hoch wie die jährlichen Rüstungs- und Verteidigungskosten. Bei Unterhaltungen stelle ich immer wieder fest, dass diese Tatsache praktisch niemandem bekannt ist. Manchmal höre ich wohlmeinende Amerikaner sagen: »Also, wenn wir diese Kriege nicht hätten, könnten wir uns eine Gesundheitsversorgung für alle leisten.« Ein Irrtum. Selbst wenn wir einsparten, was Amerika für die Verteidigung bezahlt, hätten wir nicht annähernd genug, um das Desaster Gesundheitsversorgung in Ordnung zu bringen.

3. Die Kosten für die Gesundheitsversorgung von 300 Millionen Amerikanern liegen bei 2,5 Billionen Dollar pro Jahr. Die gesamte Wirtschaft Indiens, mit einer Bevölkerungszahl von 1 Milliarde Menschen, bleibt knapp unter 1,5 Billionen Dollar – nicht ihre Gesundheitsversorgungskosten, sondern ihr gesamtes BIP. Auch Russlands gesamtes BIP liegt bei knapp unter 1,5 Billionen Dollar – nicht die Gesundheitsversorgungskosten, sondern ihr gesamtes Wirtschaftsergebnis.

4. Amerika hat im Jahr und pro Person durchschnittliche Kosten für Gesundheitsversorgung von 8000 Dollar. Bei der Diagnose Diabetes Typ 2 oder Bluthochdruck zum Beispiel schlucken viele Amerikaner einfach ein paar Pillen und führen ihren ungesunden Lebensstil weiter, anstatt weniger zu essen und mehr Sport zu treiben. Fettleibige Mitbürger mit kaputten Knie- und Hüftgelenken unterziehen sich lieber Operationen, als abzunehmen, was in vielen Fällen das Problem beheben würde. Dies sind ganz einfache Beispiele dafür, wie die Entscheidung, das Falsche zu tun, eine einst großartige Nation zugrunde richtet. Starke, produktive Gesellschaften in Ländern wie England, Deutschland, Kanada oder Frankreich haben weniger als die Hälfte der Kosten pro Einwohner. Die Bevölkerung in diesen Ländern lebt länger als die Amerikaner, und sie stufen die Qualität ihrer Gesundheitsversorgung besser ein, als es die Bürger der USA tun.

5. Das Problem wächst schnell, denn die Kosten der Gesundheitsversorgung werden laut eigenen Zahlenangaben der US-Regierung in den kommenden zehn Jahren um etwas über 6 Prozent
pro Jahr steigen. Das heißt, die Gesamtsumme von 2,5 Billionen
Dollar, die sich Amerika schon jetzt nicht leisten kann, steigt
deutlich schneller als die Wirtschaftskraft und wird binnen zehn
Jahren die 4,5-Billionen-Marke erreichen. Wenn Sie den prozen-
tualen jährlichen Anstieg der aktuellen 2,5 Billionen, die sich
Amerika schon jetzt nicht leisten kann, hochrechnen auf die vol-
len zehn Jahre, dann wächst die Summe in zehn Jahren um fast
10 Billionen Dollar. Die Vereinigten Staaten müssen also im Verlauf der nächsten zehn Jahre mit etwa 10 Billionen Dollar mehr
fertig werden als einer Summe, die man ohnehin schon nicht
aufbringt. Dieses Geld wird nicht auf wunderbare Weise von ir-
gendwoher kommen. Vielleicht denken Sie, die USA könnten es
von China leihen, aber die werden niemandem auf der Welt 10
Billionen Dollar leihen. Und niemand auf der Welt, auch nicht
China, kann so viel Geld zur Verfügung stellen. Die Vereinigten
Staaten fahren im Moment massive Defizite ein. Diese 10 Billionen Dollar machen das gesamte Defizit, welches das Land zu ru-
inieren droht, unüberwindbar, wenn die Entwicklung nicht auf-
gehalten wird.

Dies also sind die Ausmaße des Problems. Die Amerikaner machen
übermäßig Gebrauch von Ärzten, Medikamenten und sämtlichen
medizinischen Angeboten, und dennoch sterben sie früher als Bri-
ten, Franzosen, Kanadier und Deutsche.

Nur sehr wenige Führungsverantwortliche in den USA kennen diese grundlegenden Fakten.

Und noch eine Rechnung: Das ganze Elend der Finanzkrise – ver-
ursacht durch verzweifelte Banker, die versuchten, die dringend benötigten kurzfristigen Zahlen zu erreichen, als nichts anderes mehr
ging, aufgeputscht durch zwanzig Jahre mit einer Regierung, die
erst langsam, dann plötzlich die Darlehensregulierung lockerte; dazu die nachlässigen Ratings der Aufsichtsagenturen ebenso wie die

10 Millionen Menschen, die Kredite unterzeichneten, welche niemals hätten bewilligt werden dürfen (ein Schlüsselfaktor, der nicht oft erwähnt wird) – kostete das Land nur etwa 3 Billionen Dollar. *Nur* 3 Billionen Dollar. Und es zwang Amerika und große Teile der Weltwirtschaft in die Knie. Die Finanzkrise war schlimmer als jede wirtschaftliche, soziale oder internationale Krise seit der Großen Depression, und noch vermag niemand mit Bestimmtheit zu sagen, wo sie enden wird.

Und doch – das Problem Gesundheitsversorgung ist mehr als dreimal so schlimm. Die Finanzkrise war ein Drei-Billiarden-Dollar-Tsunami, aber die nächste, die auf uns zukommt, wird ein Zehn-Billiarden-Dollar-Tsunami. Viel zu wenige Führungsverantwortliche in Wirtschaft und Regierung wissen das.

Prävention

Und doch liegt die Lösung dieses überwältigenden Problems eigentlich direkt vor unserer Nase.

Die amerikanischen Gesundheits- und Präventionszentren berichten, dass mehr als 75 Prozent der Gesamtausgaben von 2,5 Billionen Dollar für Gesundheitsversorgung für Menschen verwendet werden, die an chronischen und in den meisten Fällen vermeidbaren Krankheiten wie Diabetes, Herzproblemen oder Fettleibigkeit leiden. Wenn die Amerikaner nur zu einem neuen Verantwortungsbewusstsein des Einzelnen für die eigene Gesundheit, den eigenen Lebensstil und das eigene Wohlbefinden fänden, dann könnte das drohende Desaster der Gesundheitsversorgung wie durch Zauberhand abgewendet werden.

Forscher von der Rutgers University berichteten, dass die »Ausgaben im letzten Lebensjahr 22 Prozent aller Ausgaben im medizinischen Bereich, 26 Prozent des Medicare-Programms, 18 Prozent aller Ausgaben außerhalb von Medicare und 25 Prozent der Medicaid-Ausgaben ausmachen«.

Thomson Reuters führte eine breit angelegte Studie durch und setzte die Summe der im Gesundheitswesen verschwendeten Gelder bei 600 bis 850 Milliarden Dollar an. Die Vorstellung, dass »ein Drittel der jährlichen Ausgaben für die Gesundheitsversorgung verschwendet wird«, bezeichnete er als »vernünftig und sogar noch konservativ«. Ein Drittel dessen, was die USA für die Gesundheitsversorgung ausgeben, wird zum Fenster hinausgeworfen.

Wenn Sie das nächste Mal hören, wie gut das amerikanische Gesundheitssystem funktioniert, dann denken Sie an Folgendes, auch wenn es schwer zu glauben ist. Experten schätzen, dass alljährlich 98.000 Menschen in den Krankenhäusern durch medizinische Kunstfehler sterben. Über 1 Million Menschen werden darüber hinaus durch Behandlungsfehler geschädigt.

Ein Krankenhaus ist offensichtlich ein gefährlicherer Aufenthaltsort als der Irak oder Afghanistan. Im Lauf der letzten acht Jahre kamen 6000 amerikanische Soldaten im Kampf im Irak und in Afghanistan ums Leben. In derselben Zeitspanne starben fast 800.000 amerikanische Patienten durch Fehler bei der medizinischen Versorgung – und etwa 8 Millionen erlitten gesundheitliche Schäden. Die Sterblichkeit im Krieg ist wirklich gering im Vergleich zu dem, was sich in den Krankenhäusern und Gesundheitseinrichtungen abspielt. Und natürlich sterben Patienten nicht im Einsatz für ihr Land.

Wenn sich das alles nicht drastisch ändert, werden es die Kosten für die Gesundheitsversorgung sein, die Amerika auslöschen. Diese Kosten reißen die ganze Weltwirtschaft mit in den Untergang, denn die Vereinigten Staaten bleiben die goldene Gans der Welt – nun eben eine sehr fettleibige und kranke goldene Gans.

Tatsache ist, dass Amerika Lösungen für die Gesundheitsversorgung braucht, welche die Kosten halbieren und nicht nur die Zahlungsströme umleiten. Die angemessene Zahl für die nationale US-Gesundheitsversorgung wären 1.250.000.000.000 Dollar pro Jahr – genau die Hälfte der derzeitigen Summe. Dasselbe gilt für Ihre Stadt: Die Kosten der Gesundheitsversorgung in Ihrer Stadt sind genau doppelt so hoch, wie sie sein sollten und sein können. Ich gebe zu, dass eine Halbierung dieser Kosten ziemlich weit hergeholt scheint. Denn das Problem, mit dem derzeit Städte und Organisationen in unterschiedlichem Ausmaß zu kämpfen haben, ist erst einmal nur, wie sie die aktuellen, exorbitant steigenden Kosten in den Griff bekommen. Die Kosten, die keiner mehr bezahlen kann, steigen in Schritten von 6 Prozent im Jahr.

Stadtprobleme auf Stadtebene lösen

Wo sollten Führungsverantwortliche dieses Problem anpacken? Genau wie im Bereich Bildung und Erziehung nicht auf nationaler Ebene, sondern in den Städten, zwischen denen heute extreme Unterschiede bei den Kosten der Gesundheitsversorgung und den Ergebnissen bestehen. Und noch einmal, die Verhaltensökonomie liefert den Schlüssel für eine nachhaltige Lösung.

Sehr grob vereinfacht sagt die klassische Ökonomie: Verändere das Finanzielle. Die Verhaltensökonomie sagt: Verändere das Verhalten der Menschen, denn das Verhalten findet vor dem Finanziellen statt. Alles, was Washington heute tut, hat mit Kostenrechnung zu tun. Die Ansicht eines klassischen Ökonomen ist, dass Amerika dieses Problem lösen kann, wenn es ein neues Muster für die Zahlungen findet. Die Sichtweise der Verhaltensökonomie ist, dass eine Lösung möglich ist, wenn die Massen zu einer Änderung ihres Lebensstils bewegt werden können.

Die Sichtweise der klassischen Ökonomie löst gar nichts; sie zahlt die Schulden nur auf leicht veränderte Weise ab. Ein Umverteilen des Geldes schafft vielleicht veränderte Anreize und daraus folgende, kleine Gewinne, beeinflusst aber kaum das Verhalten der Menschen, und genau darin liegt das ganz große Geld. *Sehr* viel Geld.

Die US-Gesundheitszentren berichten, dass 70 Prozent der 2,5 Billionen Dollar, die Amerika für Gesundheitsversorgung ausgibt, in die Behandlung vermeidbarer Krankheiten fließen. Eine ihrer häufigsten Ursachen ist Fettleibigkeit, die ein erhöhtes Risiko für Diabetes 2 und andere chronische Erkrankungen mit sich bringt. Die Gesundheitszentren stellen fest, dass mehr als zwei Drittel der erwachsenen Amerikaner ab dem Alter von zwanzig Jahren ganz einfach zu dick sind. Rund ein Drittel der Amerikaner hat also ein gesundes Gewicht, ein Drittel ist übergewichtig und ein Drittel fettleibig. Dies macht den bedeutenden Anteil von 70 Prozent der jährlichen Ausgaben von 2,5 Billionen Dollar für die Gesundheitsversorgung aus.

Es liegt auf der Hand, dass das Problem Gesundheitsversorgung – die Kosten ebenso wie die menschlichen Aspekte – wie durch ein Wunder gelöst wäre, wenn die Amerikaner schlank und fit wären. Das könnte vielleicht sogar auf wunderbare Weise die Lösung aller anderen Probleme sein, denn ganz abgesehen von den Kosteneinsparungen sind fitte Menschen produktiver als fettleibige. Jedes Jahr verlieren die USA Billionen Dollar an Gesundheitskosten und Produktivität aufgrund von Fettleibigkeit. Gesunde Mitarbeiter sorgen für mehr Kunden und neue Arbeitsplätze.

Unter dem Strich liegt die große Lösung darin, die Menschen zu einer Änderung ihrer Essgewohnheiten und ihrer Einstellung gegenüber dem Tod zu bewegen.

Ich weiß, das ist sehr viel verlangt, und das macht es für die Führungsverantwortlichen noch schwieriger, aber sie müssen aktiv werden. Wenn das übermächtige Problem im Raum stehen bleibt und nicht gelöst wird, erleben die Vereinigten Staaten keinen Zuwachs an Arbeitsstellen – die notwendigen Ressourcen werden dafür aufgewendet, der amerikanischen Bevölkerung ihre schlechten und ungesunden Gewohnheiten zu finanzieren.

Nur einfach das Geld umzuschichten, so wie es Washington im Moment tut, geht nicht nur an einer Lösung vorbei, sondern ermöglicht der Bevölkerung auch noch, weiterhin das Falsche zu tun und ihren ungesunden Lebensstil aufrechtzuerhalten. Konsequenzen sind nicht zu befürchten, denn es gibt immer irgendeinen Arzt mit einem Rezept und einem Skalpell, und jemand anders wird das alles bezahlen. Diese Methode schiebt die Verantwortung den Falschen zu, was das Problem noch verstärkt. Die Botschaft aus Washington scheint zu lauten, jeder Amerikaner habe das Recht auf eine ungesunde Lebensweise.

Verhaltensökonomie – was bisher funktioniert hat

Die Amerikaner sind durchaus fähig zu maßgeblichen Verhaltensänderungen. Schauen Sie, was mit einem anderen »Recht« der Amerikaner passiert ist: dem Rauchen. Als ich noch ein Kind war, rauchte praktisch jeder. Man rauchte in der Kirche, in den Geschäften, in Restaurants, Bussen, Flugzeugen – ja, mein Arzt rauchte sogar, während er mich untersuchte. Mittlerweile wurde die Zahl der Raucher halbiert und sinkt weiter.

Vor Jahren waren Forschungsteams von Gallup beteiligt an einer bahnbrechenden Erkenntnis, bei der man feststellte, dass der Druck von Peergroups auf Raucher, besonders unter jungen Menschen, bei weitem am stärksten zu der Entscheidung beitrug, zu rauchen oder nicht zu rauchen – und nicht etwa der Gedanke an die gesundheitlichen Auswirkungen. Weil die Konsequenzen nicht unmittelbar sind, war der Hinweis, dass Rauchen tödlich sein kann, nicht überzeugend genug, um die Gewohnheiten der Jugendlichen zu beeinflussen. Er machte nicht genug Angst. Er erschreckte sie nicht genug, um sie ihr Verhalten ändern zu lassen. Junge Menschen halten sich oft für unsterblich, also beurteilen sie die Gefährlichkeit des Rauchens anhand der Frage: »Wird diese eine Zigarette mich umbringen?« Sehr wahrscheinlich lautet die Antwort in ihren Augen »Nein«. Diese eine Zigarette wird schon keinen Krebs auslösen, also rauchen sie sie.

Was Menschen krank macht und wahrscheinlich umbringt, ist das langfristige Verhaltensmuster des Rauchens. Aber Jugendliche treffen keine Entscheidungen aufgrund von langfristigen Verhaltensmustern. Der Gedanke, dass das systematische Verhaltensmuster Rauchen sie umbringen wird, macht ihnen nicht genügend Angst oder Unbehagen, um aufzuhören, also rauchen sie die nächste Zigarette.

Erst als die Jugendlichen erfuhren, dass Rauchen ihren persönlichen Eindruck schädigte und ein negatives Image vermittelte – ein Image von weniger Intelligenz und Einkommen und weiteren wenig schmeichelhaften Eigenschaften –, beschlossen sie, sich keine Zigaretten mehr anzuzünden. Die Veränderung in der Baumstruktur, die den Entscheidungen der jungen Leute zugrunde liegt, geschah aufgrund einer unmittelbaren Schädigung ihres persönlichen Images, nicht ihrer Gesundheit, und das veränderte ihre Rauchgewohnheiten. Es funktionierte; sie ließen es bleiben.

Was eine enorme Veränderung im Rauchverhalten der Jugendlichen bewirkte, waren ein verändertes Image und in der Folge die Schaffung neuer Richtlinien für dieses Image, welche die Botschaft unterstützten. Bei Erwachsenen waren es die Verordnungen der Städte gegen das Rauchen in Restaurants und an öffentlichen Plätzen jeglicher Art, die zu geringerem Nikotinkonsum führten. Als Nächstes kam das Rauchverbot am Arbeitsplatz. Einige amerikanische Gerichte erlauben es Unternehmen sogar, Angestellte zu entlassen, weil sie rauchen, egal ob in der Arbeit oder in der Freizeit. Auch das Verbot von TV-Werbespots für Zigaretten war hilfreich.

Aber jetzt kommt's: Wenn ich vor dreißig Jahren gesagt hätte, dass die Amerikaner nicht mehr rauchen dürften – dass niemand mehr in den Innenstädten von Minneapolis, New York, Omaha oder Topeka rauchen könne außer draußen am Bordstein –, es hätte mir kein Mensch geglaubt. Wenn ich gesagt hätte, der Prozentsatz an Rauchern, auch unter Jugendlichen, würde plötzlich halbiert werden, hätte mir das niemand abgenommen.

Ausschlaggebend bei alldem war, dass man die nötige Angst vor den kurzfristigen negativen Folgen erzeugte, nämlich einem schlechten Image, statt vor den langfristigen negativen Folgen Krebs und Tod. Was funktionierte, war eine Veränderung der Prämisse, die den Entscheidungsprozess der Menschen beeinflusst und verändert, ihren Gefühlszustand beim Entschluss, sich keine Zigarette anzuzünden.

Verhaltensökonomie hat das Problem Rauchen verändert. Man könnte sogar sagen, das Problem Rauchen ist gelöst, denn der zahlenmäßige Trend geht gegen null. Dieses Beispiel für die Art und Weise, wie Führungsverantwortliche Verhaltensökonomie zur Lösung großer Probleme nutzen können, ist an Klarheit und Deutlichkeit nicht zu übertreffen.

Es gibt noch weitere Beispiele. Erinnern Sie sich an das Müllproblem? Wenn mein Vater und ich vor fünfzig Jahren zum Angeln gingen, warfen wir unsere Brotzeittüten einfach aus dem Autofenster. Wenn Sie am Straßenrand gestanden und uns dabei beobachtet hätten, wäre Ihnen das kaum ein Schulterzucken wert gewesen – es war nicht mit einem negativen Image verbunden, wenn man seinen Müll einfach wegwarf.

All dies hat sich vor Jahrzehnten geändert. 1982 sammelte sich der Müll an den Highways von Texas mit einer durchschnittlichen Wachstumsrate von 17 Prozent pro Jahr. Bei der Texas Highway Commission überlegte man, das Budget zu erhöhen, um mit diesen wachsenden Müllmengen mithalten zu können, denn das war der nationale Trend und die einzige Lösung, die man sich vorstellen konnte. Nachdem der Vorsitzende sich den Antrag auf eine 17-prozentige Erhöhung des Bundesstaats-Budgets für Müllbeseitigung angehört hatte, stellte er die Frage, ob es denn wirklich nötig sei, mehr Steuergelder auf das Einsammeln von Müll zu verwenden, oder ob man die Texaner nicht einfach davon überzeugen könne, *ihren Müll nicht in die Landschaft zu werfen*?

Für mich ist das ein Ansatz, der den Nobelpreis verdient hätte. Die daraus resultierende, an der Ursache ansetzende verhaltensökonomische Kampagne veränderte für alle Zeiten die öffentliche Wahrnehmung des Müllproblems in Texas. »Don't Mess with Texas« *(Wortspiel: »Leg dich nicht mit Texas an/Halte Texas sauber«)* wurde einer der bekanntesten Slogans in Amerika. Texas reduzierte sein Müllaufkommen innerhalb von fünf Jahren um 70 Prozent, indem man sich den unerschütterlichen Stolz der Texaner auf ihren Bundesstaat zunutze machte und so eine wirkungsvolle Initiative schuf, die für Sauberkeit auf den Highways des Staates sorgte und die Kosten dafür verringerte. Eine scheinbar unausrottbare schlechte Angewohnheit der Amerikaner wurde eingedämmt, indem man an die Ursachen heranging, statt mehr Geld für die Behandlung der Symptome auszugeben.

Aber zurück zur Gesundheitsversorgung. Man muss sich fragen, ob die Wurzel des Problems Gesundheitsversorgung allein bei der Regierung liegt. Amerika scheint es einfach in Ordnung zu finden, für die Gesundheitsversorgung von Menschen aufzukommen, die sich selbst krank gemacht haben. Das Land zahlt eine Summe von 2,5 Billionen Dollar, um »den Müll aufzusammeln«, anstatt stärkere Botschaften zu formulieren, warum die Menschen ihr Verhalten ändern sollen.

Aber wenn einem die Zukunft des Landes wichtig ist, spielt die körperliche Fitness eine entscheidende Rolle. Die Regierenden müssen also eine neue Botschaft aussenden und dabei die verhaltensökonomische Imagemethode verwenden, die schon beim Rauchen funktioniert hat.

Ungesund zu leben sollte viel negativer bewertet werden. Eine ungesunde Lebensweise sollte bedeuten: »Sofortiges Einschreiten erforderlich.« Ungesund zu leben sollte bedeuten, weniger geeignet für eine Anstellung zu sein, denn wer ungesund lebt, hat weniger Energie. Eine ungesunde Lebensweise sollte bedeuten, ungeeignet für Führungspositionen zu sein, genau wie das Rauchen. Vielleicht haben Sie schon bemerkt, dass nur wenige Abgeordnete, hochrangige Offiziere, berühmte CEOs und Firmenvorsitzende, einflussreiche Fernsehmoderatoren oder berühmte und beliebte Führungspersönlichkeiten – egal aus welchem Bereich – übergewichtig sind oder rauchen. Navy SEALs (*Spezialeinheit der US-Navy*) dürfen nicht dick sein. In der US-Armee gibt es einen derben, inoffiziellen Euphemismus für fettleibige Führungskräfte, die bei der Beförderung übergangen werden. Man bescheinigt diesen Übergewichtigen »mangelnde Paradetauglichkeit«.

Wie aus den Forschungen von Gallup hervorgeht, ist dies nicht das Einzige, was Übergewichtigen fehlt.

Verhaltensökonomie des Wellbeing

Die Vereinigten Staaten müssen ihre entscheidenden Führungspositionen mit den – in jeder Hinsicht – fittesten Leuten besetzen, und sie werden von ihren Bürgern verlangen, ebenso fit zu sein. Gallup ist tief in die Verhaltensökonomie von Gesundheitsversorgung und Krankheit eingetaucht und hat fünf Schlüsselelemente des Wellbeing entdeckt. Wenn die Regierenden verhaltensökonomische Strategien und Richtlinien entwickeln, um in diesen fünf Kategorien Verbesserungen zu erzielen, hat das für ihre Bürger positive Folgen in allen Bereichen.

➤ **Career** Wellbeing: Wie man seine Zeit verbringt oder einfach, ob man gerne tut, was man jeden Tag tut.

➤ **Social** Wellbeing: Starke persönliche Beziehungen und Liebe.

➤ **Financial** Wellbeing: Die eigenen Finanzen im Griff haben.

➤ **Physical** Wellbeing: Gesundheit und genügend Energie, um das tägliche Leben zu bewältigen.

➤ **Community** Wellbeing: Das Gefühl der Verbundenheit mit der Gegend, in der man lebt.

Diese Elemente stellen grobe Kategorien dar, die für die meisten Menschen von wesentlicher Bedeutung sind. Erst wenn diese fünf verhaltensökonomischen Schlüsselindikatoren zum neuen Anforderungsprofil für jegliche Führungsverantwortung werden – und im Anschluss daran auch in die Kultur eingewoben werden –, können die Vereinigten Staaten gute Arbeitsplätze schaffen. Wenn alle amerikanischen Führungskräfte in sämtlichen Bereichen, von den Unternehmen bis zu den Kindergärten, diese Faktoren des Wellbeing bei der Bevölkerungsgruppe verbessern, für die sie verantwortlich sind, dann lösen sie das Problem Gesundheitsversorgung in den USA. Und das Problem Arbeitslosigkeit. Und das Problem mangelnder Unternehmergeist. Und vieles mehr.

Könnte man beispielsweise die Fettleibigkeit beseitigen, würde das den Typ-2-Diabetes nahezu ausrotten. Es würde deutlich mehr Geld freisetzen, als die aktuellen Steuerpläne aus den Taschen der Amerikaner pressen können. Es gibt keine Führungsaufgabe, an der mehr Geld hängt, als nur einfach die Zahl der fitten Amerikaner zu verdoppeln.

Die amerikanische Bevölkerung bringt diese Zahlen durcheinander, weil sie so groß und komplex sind. Unter einer besseren Führung wäre es nicht nur unnötig, die Steuern für jeden Haushalt und jedes Unternehmen im Land zu erhöhen oder im US-Finanzministerium immer mehr neues »Pseudo-Geld« zu drucken, um dann mehr Pseudo-Arbeitsplätze mit Pseudo-Wert zu erzeugen, wie dies gerade geschieht – sondern Amerika könnte plötzlich Überschüsse erwirtschaften, ganz zu schweigen von produktiveren, energiegeladeneren und leistungsstärkeren Staatsbürgern, die über mehr Inspiration verfügen und mehr unternehmerische Energie erzeugen.

Die Lösung für das Problem Gesundheitsversorgung liegt nicht da, wo die amerikanischen Regierenden es derzeit suchen. Das Geld umzuverteilen ist keine Lösung. Lösungen liegen in der Veränderung von Verhalten. Eine Nation, in der zwei Drittel der Bevölkerung fettleibig oder in schlechtem Gesundheitszustand sind – oder es bald sein werden, aufgrund ihres Gewichts, mangelnder Bewegung, Zigarettensucht oder schlechter Ernährung – eine solche Nation wird den Kampf gegen ausländische Wettbewerber niemals gewinnen. Die erwerbstätige Bevölkerung ist schlicht nicht fit genug dafür.

Die Kosten der Gesundheitsversorgung schlucken praktisch das gesamte Geld, das die Amerikaner auf Innovation, Unternehmertum und in der Folge auf die Schaffung von Arbeitsplätzen verwenden sollten. Sie erdrücken kleine, mittlere und große Unternehmen. Genauer gesagt, sie sorgen für eine massive Unsicherheitssituation, weil die Regierung in ihrem Bemühen, die Kosten zu decken, diese an die Unternehmen weitergibt – meist kleine und mittlere Unternehmen.

Solange also diese unerschwinglichen Kosten nicht gebannt werden und die Amerikaner ihr Gesundheitsverhalten nicht maßgeblich verbessert haben, hat das Land einen zu großen Wettbewerbsnachteil, um den weltweiten Kampf um die besten Arbeitsplätze zu gewinnen.

Kapitel 12:
Globales Wellbeing

Weiten wir nun die Perspektive auf globales Wellbeing und globale Verhaltensökonomie aus. Es ist für Amerika unerlässlich, dass es allen anderen Ländern gut geht, und sei es nur aufgrund ihrer Wirtschaftsbeziehungen mit Amerika. Die beste und stabilste Beziehung, die die Vereinigten Staaten mit einem anderen Land haben können, ist eine Wirtschaftsbeziehung – keine politische Beziehung, keine Wirtschaftshilfe-Beziehung, keine Verteidigungsallianz, sondern eine Wirtschaftsbeziehung. An deren erster Stelle steht das schlichte Wohlergehen oder Wellbeing.

Was ist Wellbeing?

Wellbeing ist die Beschreibung des emotionalen und psychologischen Zustandes Ihrer Stadt, Ihrer Nation, Ihrer Bevölkerung und Ihrer Mitstreiter. Es ist die Beschreibung des Zustandes, ob sie leiden, zu kämpfen haben oder sich entfalten, ob sie Hoffnung haben, wie gesund sie sind, ob sie an Schmerzen leiden, ob sie nachts gut schlafen und ob sie sich Sorgen machen, gestresst, traurig, einsam, wütend oder deprimiert sind. Es geht darum, ob sie einen schönen Tag hatten und ein gutes Jahr – ein gutes Leben.

Das „Brutto-Inlands-Wellbeing" (BIW) ist dem BIP vorgeschaltet. Das BIW, oder vielmehr ein mangelndes BIW, tritt vor Revolutionen und einschneidenden politischen Veränderungen auf. Das bedeutet, dass praktisch alle Führungspersönlichkeiten weltweit mit den falschen Dingen befasst sind. Sie schauen in den Rückspiegel im Bemühen, die vor ihnen liegende Straße zu sehen. Sie regieren ihre Länder und

Städte anhand einer Reaktion auf Vergangenes. Weil aber BIP auf BIW folgt, müssen die Regierenden lernen, wie Wohlergehen funktioniert, seine Auswirkungen auf ihre Wählerschaft kennen und, was am wichtigsten ist, wissen, wie man es verändert.

Am Ende jeden Tages können die meisten Menschen sagen, ob es für sie ein guter Tag war. Wahrscheinlich können sie auch sagen, ob es für sie eine gute Woche, ein guter Monat, ein gutes Jahr oder ein gutes Leben war. Wenn man nun die Menschen etwas detaillierter über ihren Tag befragt – »Haben Sie genug zu essen bekommen?« oder »Haben Sie Zeit mit Freunden verbracht?« – und dann die Antworten sammelt und auswertet, so wie Gallup das tut, dann bekommt man einen einheitlichen, verlässlichen Messwert des Wellbeing.

Tatsächlich hat Gallup über die letzten sechs Jahre in über 150 Ländern Fragen zum Wohlergehen gestellt. Die Antworten wurden einer statistischen Analyse vom Niveau eines Universitäts-Fachbereichs Mathematik unterzogen, sodass nun eine Menge komplexer Zahlen einfach als »Lebensleiter« beschrieben werden können.

Aufbauend auf der Cantril'schen Selbsteinschätzungsskala misst Gallup die Lebenszufriedenheit, indem die Probanden gebeten werden, ihre Lebensqualität auf einer leiterförmigen Skala einzustufen, wobei die Sprossen von 0 bis 10 nummeriert sind. Die folgenden Fragen stellen somit eine der besten Möglichkeiten dar, das Wellbeing jedes Einzelnen zu bemessen:

Bitte stellen Sie sich eine Leiter mit Sprossen vor, die von 0 ganz unten bis 10 ganz oben nummeriert sind. Das obere Ende der Leiter stellt das bestmögliche Leben für Sie dar, das untere Ende das schlechtestmögliche.

Auf welcher Sprosse der Leiter stehen Sie gerade?

Auf welcher Sprosse werden Sie Ihrer Einschätzung nach in etwa fünf Jahren stehen?

Auf Grundlage dessen, wie die Probanden ihr aktuelles und zukünftiges Leben einstufen, ordnen die Gallup-Wissenschaftler sie in die Kategorien »Gut und erfolgreich«, »gefährdet« oder »notleidend« ein. Bei Gallup hat man festgestellt, dass Menschen, die einen »guten Arbeitsplatz« haben – also von einem Arbeitgeber fest angestellt sind und für diesen Arbeitgeber mindestens 30 Stunden in der Woche arbeiten –, weltweit am erfolgreichsten sind. Wer in Teilzeit angestellt oder arbeitslos ist, hat weniger Entfaltungsmöglichkeiten. Natürlich ist die berufliche Situation ausschlaggebend dafür, wie Menschen das eigene Leben beurteilen.

Darüber hinaus hat Gallup festgestellt, dass die Antworten auf die Fragen nach dem Wohlergehen eng mit anderen externen Einstufungen zusammenhängen, die davon unabhängig vorgenommen werden. Zum Beispiel weiß man bei Gallup, dass Menschen, die in reicheren Ländern leben, meist ein höheres subjektives Wohlbefinden haben als Menschen, die in armen Ländern leben. Auch wenn Geld keine Garantie für Glück ist, so hat man sicherlich höhere Chancen, ein angenehmes Leben zu führen, wenn man in einem reichen Land lebt.

Angus Deaton, einer der führenden Wirtschaftswissenschaftler der Welt, untersuchte den Zusammenhang zwischen Wellbeing und statistischen Messwerten über Gesundheitsaspekte wie Lebenserwartung und HIV-Verbreitung und kam zu dem Ergebnis, dass der Zusammenhang zwischen Gesundheit und Wellbeing auf der *Erwartung* von Gesundheit beruht, nicht auf dem tatsächlichen Gesundheitszustand.

Das ist ein interessanter und wichtiger Punkt. Niemandem gefällt es, krank zu sein, aber es belastet Sie deutlich weniger, wenn Sie erwarten, bald wieder gesund zu werden. Aus diesem Grund müssen die Führungsverantwortlichen darauf achten, in welche Richtung das BIW tendiert. Ein positives BIW, das nach unten tendiert, ist schlechter für eine Stadt als ein niedriges BIW, das jedes Jahr ein bisschen besser wird.

Gallup hat auch festgestellt, dass ein Land oder eine Region umso instabiler wird, je weniger die Menschen dort erfolgreich sind und je mehr sie leiden. Diese entscheidende Verhaltensmessgröße wird für die Länder und Städte immer wichtiger, denn dadurch werden sie gezwungen, drastische Einschnitte bei Beamtengehältern sowie bei anderen staatlichen Leistungen vorzunehmen. Man muss den wachsenden Prozentsatz notleidender Menschen genau im Auge behalten, denn diese Zahl ist ein Indikator für extremes potenzielles Unbehagen und Unruhe der Bürger – bis hin zum Chaos. Im Durchschnitt bricht jährlich in etwa zwei Länder eine Revolution aus; die Gallup Economics hat festgestellt, dass es eine der Schlüsselvoraussetzungen für Revolutionen ist, wenn immer mehr Bürger leiden.

Und, ganz wichtig, die Forschungen bei Gallup zeigen, dass ein guter Arbeitsplatz wahrscheinlich ausschlaggebend für ein Gefühl von besserem Wohlergehen ist. Tatsächlich zeigt der Gallup-Pfad, dass drei der acht nötigen Stufen zur Entfaltung des globalen Wellbeing mit dem Arbeitsplatz zu tun haben.

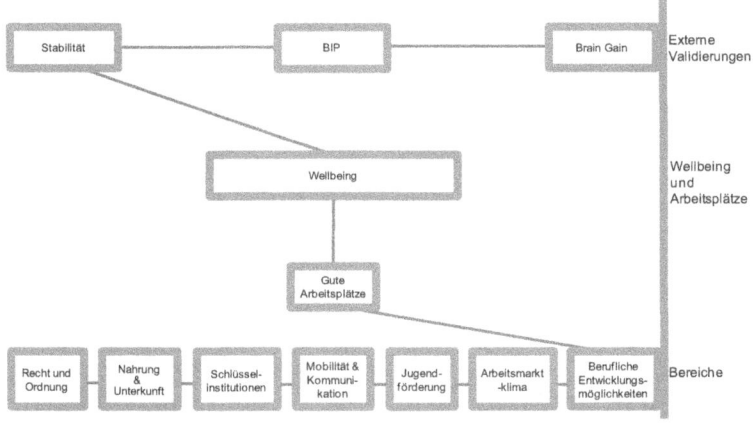

Abb. 2: Makroökonomie

Die ersten Schritte

Bevor eine Stadt oder ein Land Arbeitsplätze schafft und dadurch ein Stellenwachstum erzielen kann, müssen die acht Stufen des

Wellbeing erreicht sein – und zwar in der richtigen Reihenfolge, sonst fehlen die Verbindungsglieder für die nächsten Stufen. Das ist eine bahnbrechende Erkenntnis beim Gallup-Pfad für globales Wellbeing: *In der Hierarchie der Bedürfnisse gibt es eine bestimmte Reihenfolge, und diese muss eingehalten werden.* Die Stufen auf dem Pfad machen das Wohlergehen des Einzelnen möglich, und ohne dieses ist ein nationales Wellbeing nur sehr schwer zu erreichen.

Stufe 1: Recht und Ordnung

Die Abwesenheit von Angst ist die erste der neuen Anforderungen an die Führenden der Welt. Gallup hat festgestellt, dass zwei Fragen der Verhaltensökonomie für jede Wohngegend auf der Welt gelten, und sie sind die besten Indikatoren für den Angstlevel der Bürger:

➤ *Fühlen Sie sich sicher, wenn Sie nachts alleine durch Ihren Wohnort oder Ihre Wohngegend laufen?*

➤ *Haben Sie Vertrauen in die Polizei Ihres Ortes/Ihrer Umgebung?*

Im gleichen Maße, wie diese verhaltensökonomischen Größen sich verbessern, verbessert sich auch das BIW und in der Folge das BIP.

Diese Fragen beziehen sich nicht auf Verbrechen. Sie beziehen sich auf die Angst, denn Angst zehrt die Energie auf, die das Potenzial für wirtschaftliche Aktivität darstellt. Deshalb ist Sicherheit von absolut entscheidender Bedeutung. Aber *Recht und Ordnung* können nicht anhand der Verbrechensstatistik gemessen werden, weil diese die Angst nicht erfasst. Sie misst nur, wie viele Verbrechen begangen und wie viele Straftäter gefasst wurden.

Die traditionelle Datenbürokratie und die klassische Ökonomie des Verbrechens laufen Gefahr, die Fakten zu verdrehen. Schickt man beispielsweise mehr Polizisten auf Streife, scheint die Zahl der Verbrechen anzusteigen. Je mehr Polizisten auf Patrouille sind, desto mehr Verbrecher werden gefasst. Deshalb steigt statistisch die Anzahl der Straftaten, wenn das Polizeiaufgebot erhöht wird. Das bedeutet jedoch nicht, dass es mehr Kriminalität gibt. Manchmal sinkt die statistische Anzahl der Verbrechen auch, weil die Bevölkerung die Polizei ebenso fürchtet wie die Straftäter und deshalb keine Anzeigen erstattet. Es kann also sein, dass Recht und Ordnung sich scheinbar verbessern, die tatsächliche Situation aber schlimmer wird.

Aus diesem Grund ist das Ausmaß der Angst, welche die Bürger empfinden, aussagekräftiger. Gallup hat festgestellt, dass das Angstniveau eines Menschen am besten mit der Frage eingestuft werden kann: »Fühlen Sie sich sicher, wenn Sie nachts allein durch Ihren Wohnort oder Ihre Wohngegend laufen?« Dies ist ein genaues Messinstrument für das Ausmaß der Angst überall, von der in Armut lebenden Mutter in Äthiopien bis zum Professor in Paris.

Die Frauen in der afrikanischen Subsahara geben an, sie fühlten sich nicht sicher, wenn sie sich nur hundert Meter von ihrem Dorf entfernten, weil sie fürchten, vergewaltigt oder geschlagen zu werden. So können sie nicht zu den Märkten gehen und Waren kaufen oder verkaufen. Wenn ihnen ihre Angst genommen wird, können sie Afrikas BIP ein wenig, vielleicht sogar sehr stark steigern, weil sie dann in der Lage sind, ihre eigene lokale Wirtschaftsenergie einzubringen.

Ich lebe in Georgetown, einer wohlhabenden Wohngegend von Washington, D.C. Vor einigen Jahren verzeichneten wir eine ernsthafte Zunahme von Straftaten. Die Leute begannen, nach der Arbeit direkt nach Hause zu fahren, und gingen dann nicht mehr aus. Wir fühlten uns allein im Dunkeln auf der Straße nicht mehr sicher. In der Gemeinde gingen die Ausgaben für Shopping und Restaurantbesuche deutlich zurück. Unsere Restaurants und Geschäfte verzeichneten starke Umsatzeinbußen, bis Recht und Ordnung durch eine ehrgeizige Initiative der örtlichen Exekutivorgane wiederhergestellt wurden. Erst danach normalisierten sich die Umsätze in unserer Gegend wieder, weil unsere Angst nachließ. Das Verhältnis von Sicherheit zu BIP normalisierte sich wieder.

Vor drei oder vier Jahrzehnten waren weite Teile von New York City zu gefährlich, um sie zu besuchen. Dann machte New Yorks Regierung plötzlich und fast wie durch ein Wunder Schluss damit – und das BIP der Stadt stieg, vor allem, weil man Recht und Ordnung geschaffen hatte. Dasselbe geschah vor Kurzem in Bogotá. Stadt und nationale Regierung räumten in dieser einst lebensgefährlichen Stadt auf, und die Restaurants und Geschäfte von Bogotá füllten sich wieder. Das BIP-Wachstum stieg.

Orte wie Singapur oder Luxemburg haben wenig davon, wenn sie das Sicherheitsgefühl ihrer Bürger verbessern, denn ihre Bewohner haben momentan nur wenig bis gar keine Angst um ihre körperliche Unversehrtheit. In Singapur und Abu Dhabi hat man die Sicherheit maximiert, also sollte man sich hier auf Bereiche konzentrieren, in denen man mehr Probleme hat.

Stufe 2: Nahrung und Unterkunft

Fühlen sich die Menschen in ihrem Land, ihrer Stadt und ihrem Wohngebiet einmal sicher, besteht die nächste wichtige Voraussetzung für das Wellbeing in ausreichend Nahrung und angemessener Unterkunft. Genügend Nahrung und adäquate Unterkunft machen es den Menschen möglich, die nötige Energie aufzubringen, um die Dinge zu tun, die andere ihres Alters auch tun können. Wer physisch oder mental eingeschränkt ist, weil er nichts zu essen oder kein Dach über dem Kopf hat, hat keine Ausgangsbasis.

➤ *Gab es in den vergangenen zwölf Monaten Zeiten, in denen Sie nicht genug Geld hatten, um Essen für sich oder Ihre Familie zu kaufen?*

➤ *Gab es in den vergangenen zwölf Monaten Zeiten, in denen Sie nicht genug Geld hatten, um für eine angemessene Unterkunft für sich und Ihre Familie zu sorgen?*

Wenn es in meinem Alltag die vorrangige Aufgabe ist, Essen zu besorgen und/oder eine geeignete Unterkunft zu finden, dann bin ich nicht in der Lage, der regionalen Wirtschaft Energie zuzuführen, wie das andere Menschen auf der Welt tun.

Ausreichend Nahrung und angemessene Unterkunft sind verhaltens-ökonomische Schlüsselgrößen, die Regierende verfolgen müssen, nicht nur, weil sie auf dem Gallup-Pfad dem Stellenwachstum und dem BIP-Wachstum vorangeschaltet sind, sondern auch, weil die Bevölkerung ohne die Erfüllung dieser Grundbedürfnisse nicht die Energie aufbringt, um die eigenen alltäglichen Probleme zu meistern.

Stufe 3: Schlüsselinstitutionen

All die Milliarden Dollar, die man für Institutionen in Ländern und Städten überall auf der Welt ausgibt, werden so lange nichts zur Schaffung von Arbeitsplätzen oder zum BIP beitragen, bis man für Recht und Ordnung sowie für Nahrung und Unterkunft gesorgt hat. Recht und Ordnung kommen zuerst, vor allem anderen. Ohne Recht und Ordnung ist nichts anderes möglich. An zweiter Stelle stehen Nahrung und Unterkunft.

Die Institutionen – besonders der Zugang zu Gesundheitsversorgung und Bildungsinstitutionen – stehen der Bedeutung nach an dritter Stelle. Ein Teil dieses Bereichs ist jedoch eher emotionaler als materieller Natur, denn die Fragen messen gleichzeitig auch das Vertrauen der Menschen in ihre Oberhäupter.

Die Fragen, die Gallup hier verwendet, lauten:

➤ *Sind Sie zufrieden mit dem Bildungssystem und den Schulen an Ihrem Wohnort?*

➤ *Sind Sie zufrieden mit dem Zugang zu einer guten Gesundheitsversorgung in Ihrem Wohnort?*

Diese beiden Fragen hängen mit Themen zusammen, die für das Wellbeing von größter Bedeutung sind, so etwa der Alphabetisierungsquote unter Erwachsenen und der Kindersterblichkeit.

Stufe 4: Mobilität und Kommunikation

Die bloße Existenz von Institutionen ist nicht genug. In Kuba zum Beispiel geben die Bürger einen hohen Zufriedenheitsgrad an, was Gesundheitsversorgung und Bildung betrifft, aber nur wenige würden Kuba als Hotspot für die Entstehung neuer Arbeitsplätze bezeichnen. Einer der Gründe dafür könnte sein, dass die Kubaner zu wenig mobil sind.

Der persönliche Bewegungsspielraum ist für Wirtschaftssysteme wichtig, besonders wenn es um die Entwicklung von Arbeitsplätzen geht. Arbeitskräfte müssen dorthin gelangen, wo es Arbeit gibt. Unternehmer müssen dorthin gelangen, wo Aufbruchsstimmung herrscht. Wenn die neuen Unternehmen dann nicht mehr so neu sind, wenn sie stabil sind und wachsen, dann müssen sie expandieren können. Heutzutage bedeutet Mobilität nicht nur physische Beweglichkeit; auch die Mobilität des Denkens und die freie Meinungsäußerung sind wichtig.

Gallup verwendet folgende Fragen, um Mobilität und Kommunikation zu prüfen:

➤ *Sind Sie in Ihrem Wohnort zufrieden mit dem öffentlichen Verkehrssystem?*

➤ *Sind Sie in Ihrem Wohnort zufrieden mit den Straßen und Autobahnen?*

➤ *Gibt es in Ihrem Haushalt ein Mobiltelefon?*

➤ *Hat Ihr Haushalt einen Internetanschluss?*

Stufen 5, 6 und 7: Jugendförderung, Klima am Arbeitsmarkt, berufliche Entwicklungsmöglichkeiten

Um Arbeitsplätze zu schaffen und aufrechtzuerhalten, muss eine Stadt oder ein Land als arbeitsfreundlich und offen für den Arbeitsmarkt angesehen werden. Natürlich müssen die Menschen auch Gründe haben, dies anzunehmen, deshalb müssen die Unternehmer ihnen diese liefern.

Die Unternehmer sind die »Regenmacher« (siehe S. 77). Sie sind es, die Arbeitsplätze schaffen, Kunden und Geld anziehen und damit Grund zu der Annahme liefern, eine Stadt biete alle drei Voraussetzungen. Wenn sich genügend starke Unternehmertypen in einer Stadt versammeln und qualifizierte Arbeitsplätze schaffen, dann bringen sie damit eine Spirale nach oben in Gang. Sie liefern die Energie für die Maschine, die Arbeitsplätze schafft, was Gewinne erzeugt, die Steuergelder einbringen, mit denen man das Schulsystem unterstützt, wodurch die Arbeitskräfte besser ausgebildet werden, die dann wieder die Jobmaschine antreiben und so weiter.

Um festzustellen, ob dies geschieht, stellt Gallup folgende Fragen:

Jugendförderung

> *Glauben Sie, dass Kinder in diesem Land mit Respekt und Würde behandelt werden?*

> *Haben Kinder in diesem Land jeden Tag die Möglichkeit, zu lernen und sich zu entwickeln?*

Klima am Arbeitsmarkt

> *Denken Sie an die Situation auf dem Arbeitsmarkt an Ihrem Wohnort. Würden Sie sagen, zurzeit ist es leicht oder schwierig, einen Arbeitsplatz zu suchen?*

> *Sind Sie zufrieden mit den beruflichen Chancen und Möglichkeiten, die sich Ihnen an Ihrem Wohnort bieten?*

Berufliche Entwicklungsmöglichkeiten

> *Kann man in diesem Land durch Ehrgeiz und Fleiß beruflich aufsteigen?*

➤ *Ist Ihr Wohnort ein guter Lebensraum für Unternehmer, die Firmen gründen wollen?*

Ein guter Arbeitsplatz

Wenn diese Voraussetzungen erfüllt sind, hat eine Stadt oder ein Land eine gute Grundlage für die Schaffung von Arbeitsplätzen. Aber woher weiß ein Führungsverantwortlicher, ob es sich dabei um gute Stellen handelt? Führungskräfte sollten dazu auf drei primäre Merkmale achten: *Habe ich einen guten Arbeitsplatz? Bietet diese Stadt oder dieses Land Möglichkeiten für jemanden wie mich, eine gute Stelle zu finden? Ist dies ein guter Ort für Unternehmer?* Wenn die Menschen dort alle drei Fragen bejahen, so ist die Stadt oder das Land auf dem besten Weg zu einem guten BIW, und die Bürger können den großen, globalen Traum vom guten Arbeitsplatz verwirklichen.

Ein hervorragendes BIW kann jedoch nur entstehen, wenn es genügend hervorragende Stellen gibt. Eine hervorragende Stelle zu haben bedeutet:

1. Sie sind von einem Arbeitgeber in Vollzeit angestellt und arbeiten mindestens 30 Stunden in der Woche für ihn. Es ist nicht erforderlich, dass Sie sich mit Gelegenheitsarbeiten über Wasser halten, mit denen Sie nicht aus der Armut herauskommen und die nichts zum offiziellen Wirtschaftsergebnis Ihres Landes beisteuern.

2. Sie wissen, was man bei der Arbeit von Ihnen erwartet, und Sie haben die Begabungen und Fähigkeiten, um Ihre Aufgaben zu erledigen.

3. Ihr Vorgesetzter zeigt Interesse an Ihrem Erfolg und Ihrer Entwicklung.

4. Ihre Meinung zählt bei der Arbeit.

5. Sie haben das Gefühl, dass Ihre Arbeit wichtig und sinnvoll ist.

Wenn diese fünf Elemente bei einer Arbeitsstelle vorhanden sind, verändert das die Lebensumstände der Menschen. Alles um sie herum verändert sich; es wird besser. Die Voraussetzungen, die ich weiter oben genannt habe, und die Entwicklung von guten Arbeitsstellen führen zu vollkommenem Wohlergehen. Bürger mit guten Arbeitsplätzen und einem regelmäßigen Einkommen, die im Beruf aufrichtig engagiert sind, stehen am oberen Ende der Wellbeing-Leiter. Das führt zu einem positiven BIP und Ländern mit mehr Stabilität und Möglichkeiten. Es führt auch zu einem Kernelement für nachhaltigen Erfolg: Brain-Gain.

Brain-Gain

Städte, deren Bürger sich entfalten können – die ihr Leben für gut halten und glauben, dass es noch besser wird –, erleben mit höherer Wahrscheinlichkeit einen Brain-Gain. Gallup definiert Brain-Gain als das Ergebnis der Fähigkeit von Städten und Ländern, talentierte Menschen anzuziehen und zu binden, deren außergewöhnliche Begabungen und Wissen das Potenzial für Unternehmen und neue Arbeitsplätze liefern, was letztlich zu einem Wirtschaftsaufschwung führt.

Die Herausforderung, vor der die Regierenden nun stehen, ist, einen solchen Brain-Gain in ihre Städte zu bringen. Talent ist ein unermesslich wertvolles Gut, denn es steht am Beginn jeglichen Unternehmertums und jeglicher Innovation. Es ist das absolute Unterscheidungskriterium unter den Menschen. Und Talent zieht weiteres Talent an.

Betrachten wir die Technologiebranche. Wenn Sie Entwickler oder Unternehmer im Bereich Technologie sind, dann befindet sich praktisch alles, was Sie brauchen – vom Entwicklernetzwerk über Investoren bis zu Super-Mentoren – im Silicon Valley oder dessen Umgebung. Stellen Sie sich das vor wie bei der »Nashville-Regel«: Wenn Sie das Talent haben, Country-Musik zu machen, sind Ihre Chancen, dieses Talent maximal zu entwickeln, in Nashville, inmitten von tollen Country-Musikern und Musikproduktionsfirmen, normalerweise größer als irgendwo sonst auf der Welt.

Die Nashville-Regel beruht auf erstaunlich wenigen Leuten. Ein großer Teil des unerwarteten Booms der Internet-Technologie kann auf nur tausend Menschen zurückgeführt werden. Von diesen tausend waren über die Hälfte Amerikaner, die aus anderen Ländern eingewandert waren. Das ist eine entscheidende Messgröße. Von diesen etwa fünfhundert Einwanderern kamen viele aus Indien. Wären also, sagen wir, drei- oder vierhundert Inder – die zum Großteil aus Berkeley und Stanford gekommen waren – nicht nach Silicon Valley gezogen, dann hätte der gigantische Wirtschaftsaufschwung unter Umständen nicht stattgefunden. Nicht hier, aber auch nicht in Indien – Bangalore oder Mumbai verfügen nicht über so günstige Voraussetzungen für schnelles Wachstum von Innovation und Unternehmen wie das Umfeld des San Francisco Valley.

Fazit für Amerika

Amerika kann den Kampf um die Arbeitsplätze von morgen nicht gewinnen, wenn es nicht die besten Talente in sich versammelt und ihnen hilft, *ganz schnell* amerikanische Staatsbürger zu werden. Das Land kann nicht Führer der Weltwirtschaft sein, ohne einen übermächtigen Marktanteil an den talentiertesten Menschen der Welt zu haben.

Die nächsten großen Wirtschaftsstädte werden dort entstehen, wo die meisten talentierten Unternehmer hinwandern und sich niederlassen. Die nationalen Immigrationsrichtlinien für Hochbegabte, die nach Amerika einwandern wollen, müssen geändert werden, sonst verpasst das Land die nächste Generation von Arbeitsplätzen. Amerika muss das Einwanderungsziel für die Hälfte dieser talentierten Menschen, mindestens aber für ein Drittel von ihnen werden, wenn es wieder an der Spitze sein will.

Ich will es noch einmal betonen: Amerika muss das Einwanderungsziel für ein Drittel bis die Hälfte der talentiertesten Menschen der

Welt werden. Das ist die wirkungsvollste Human-Resources-Strategie, die das Land hat. Amerika muss all das tun, was ich zuvor erklärt habe, um wieder die Führungsrolle zu übernehmen, aber wenn die talentiertesten Menschen der Welt ins Land kommen, besonders die talentiertesten Unternehmer, dann wird das mit allerhöchster Wahrscheinlichkeit ein neues, plötzliches Wirtschaftswunder erzeugen.

Echtes BIP-Wachstum und die Schaffung von Arbeitsplätzen

Wenn Sie mich fragen, welche Rolle das Wesen des Menschen und die Verhaltensökonomie bei der Schaffung von Arbeitsplätzen auf Grundlage der Ergebnisse von fünfundsiebzig Jahren Umfragenrecherche bei Gallup spielen, dann würde ich sagen, es dreht sich alles um das *Wellbeing* der Menschen. Die Grundlagen des Wellbeing sind die Voraussetzung für die emotionale Verfassung der Bürger, bevor überhaupt etwas in einem Land oder einer Stadt geschieht – Gutes wie Schlechtes.

Das Brutto-Inlands-Wellbeing ist entscheidend für das Wachstum des BIP, denn die Förderung von Arbeitsplätzen, Unternehmergeist und Innovation wird nicht von notleidenden oder kranken Menschen vorangetrieben. Bedürftige Bürger schaffen keine guten Arbeitsplätze und sind auch keine besonders guten Arbeitskräfte. Jedes Mal, wenn Sie dafür sorgen, dass es den Menschen besser geht, wird Ihre Stadt oder Ihr Land ein kleines Stück besser; Sie schaffen damit einige, vielleicht auch viele neue Arbeitsplätze.

Die Schritte auf dem Gallup-Pfad für globales Wellbeing sind die Kennzeichen für Wohlbefinden; sie sind die Seele Ihrer Stadt und die Hoffnung Ihres Landes. Die Führungsverantwortlichen von Unternehmen und nichtstaatlichen Organisationen sollten diese verhaltensökonomischen Kriterien in ihre globalen Strategien aufnehmen. Sie müssen wissen, dass es den Menschen besser geht, dass sie sich in ihrer Arbeit eher wohlfühlen und entfalten können, wenn sie eine gute Arbeitsstelle haben.

Je mehr Einwohner mit *guten Arbeitsplätzen* es in einer Stadt oder einem Land gibt, desto besser. Die Entwicklungen und Unternehmensmodelle all dieser Menschen sollten die Schaffung von guten Arbeitsstellen – im Land wie in der Stadt – *zum zentralen Ziel* machen. Der Gallup-Pfad für globales Wellbeing ist ganz einfach eine globale Landkarte, die zu den nötigsten Aspekten des Wellbeing führt.

Wenn jedes amerikanische Unternehmen seinen Einfluss auf die Gesellschaft eines anderen Landes in seinen Strategieplan für ausländische Partnerschaften aufnähme, könnten diese Unternehmen mehr für den Weltfrieden tun als das US-Außenministerium, die Weltbank und die Vereinten Nationen zusammen. Und das Land würde die besten Arbeitsplätze gewinnen. Keine Gespräche laufen respektvoller ab und sind dringender erwünscht als solche über Kunden, die Schaffung von Arbeitsplätzen, Firmenkapital und Unternehmertum.

Egal, welche Waren Amerika nach Übersee exportiert – Brücken, Tunnel, Technologie, Bildung, Nahrung oder Medikamente –, Amerika exportiert mehr, wenn es seine Produkte mit den Stufen in Zusammenhang bringt, die das Wellbeing in anderen Ländern verbessern. Das sollte die weltweite Mission jedes amerikanischen Unternehmens sein. Durch Verbesserungen auf der Stufe des Wohlbefindens, die am ehesten den Produkten und Dienstleistungen eines Unternehmens entspricht, kann jedes Unternehmen das Wellbeing in einem Land steigern. Also streben die US-Unternehmen nicht mehr nur nach Handelsabschlüssen, sondern sie exportieren, um das nationale Brutto-Wohlergehen ihrer Kunden zu steigern.

Es zieht große Mengen an Geld, Einkünften, Profiten, Aktienwertsteigerung, Arbeitsplätzen und BIP-Wachstum nach sich, wenn man alle Unternehmensstrategien auf diese Stufen zum Wellbeing ausrichtet. Doch nur allzu wenige erkennen, dass sogar der schier unerreichbare Weltfrieden in greifbare Nähe rückt, wenn amerikanische Unternehmen auf der ganzen Welt gewinnbringende Partnerschaften pflegen.

Junge und Alte, Reiche und Arme, Russen, Äthiopier, Peruaner, Moslems, Hindus, Christen und Menschen aller Rassen und Kulturen – ob Führungskraft, General in der Armee, Ehrenamtlicher in einer Friedenstruppe oder Missionar: Das Ziel Nummer eins in der Welt besteht während der kommenden Jahren in der Schaffung von Arbeitsplätzen und der Förderung von Unternehmergeist. Die Strategien der Amerikaner sollten sich in allem an diese Stufen auf dem Pfad des Brutto-Inlands-Wellbeing halten. Denn diese Stufen stellen den nächsten Schritt in der Entwicklung des Menschen dar und werden erweisen, ob die Menschheit gemeinsam überleben kann.

Fazit

Die grundlegendste Erkenntnis aus allen Daten, die von Gallup durch weltweite Befragungen gesammelt wurden, ist folgende: *Was die Welt will*, dreht sich nicht mehr um Frieden oder Freiheit, nicht einmal um Demokratie; es geht nicht mehr darum, eine Familie zu haben, nicht um Gott und auch nicht um den Besitz von Haus oder Land. Der Wunsch der Weltbevölkerung ist an erster Stelle und vor allem anderen ein guter Arbeitsplatz. Dem ist alles Übrige nachgeordnet. Ein guter Arbeitsplatz ist ein sozialer Wert. Das ist eine gigantische soziologische Verschiebung für die Menschheit. Es verändert grundlegend die Art und Weise, wie Menschen Länder und Städte regieren und Organisationen führen.

Zu Beginn sagte ich, dass alle in diesem Buch getroffenen Aussagen ebenso für jede andere Industrienation gelten – obwohl ich voreingenommen bin, weil ich als Amerikaner daran glaube, dass Amerika ein ganz besonderes Land ist, das eine weltweite Führungsrolle haben sollte. Aber was ich hier erklärt habe, ist *wichtig und hilfreich* für jedes Land, egal ob Industrie- oder Entwicklungsland. Die Welt wird in dem Maße besser, in dem ihre führenden Länder sich verbessern.

Wenn Amerika führend in dem sein will, was die Weltbevölkerung wünscht, muss es zehn Anforderungen meistern – die wichtigsten der buchstäblich Billionen von Daten- und Meinungskombinationen aus der Gallup-Forschung:

1. Das größte Problem auf der Welt ist die ungleiche Verteilung von guten Arbeitsplätzen. Jede Führungskraft in jeder Institution und jedem Unternehmen muss dies bei jeder Entscheidung berücksichtigen. Der große Traum der Menschen ist es heute, einen guten Arbeitsplatz zu haben. Wenn Sie Weltführer in irgend-

etwas anderem sind als darin, Strategien und Richtlinien zur Verwirklichung des großen globalen Traums zu schaffen, dann ist Ihre Führungsrolle heute weniger wert. Die Schaffung von Arbeitsplätzen ist die neue Währung aller Weltführerschaft. Der neue, wichtigste gesellschaftliche Wert bezieht sich nicht mehr auf Menschenrechte, Umwelt, Schwangerschaftsabbruch, Religion, gleichgeschlechtliche Ehen, Frauenrechte oder Gleichstellung. Heute steht an erster Stelle der gesellschaftliche Wert *mein Arbeitsplatz*.

2. Die Schaffung von Arbeitsplätzen kann nur in den Städten stattfinden. Es gibt enorme Unterschiede im lokalen BIP wie im Arbeitsmarkt der einzelnen Städte. Städte können besser beeinflusst und verändert werden als ganze Länder. Die Bundesregierung kann keine nachhaltigen Arbeitsplätze schaffen, nur kurzfristige. Jobs sind eine ebenso lokale Angelegenheit wie die Politik. Die Städte sind die Kraftwerke für Arbeitsplätze und für die Energie der Menschen, die durch Innovation und besonders durch Unternehmergeist weitere Stellen schafft.

3. Es gibt drei entscheidende Energiequellen für die Schaffung von Arbeitsplätzen in Amerika: die Top-100-Städte des Landes, die Top-100-Universitäten und die zehntausend lokalen Anführer des Landes. Es gibt noch viele andere Einflussfaktoren bei der Schaffung von Stellen, aber diese sind am verlässlichsten und am besten steuerbar. Sie sind die wirkungsvollsten Hebel. Sie sind Amerikas Teilchenbeschleuniger für den Arbeitsmarkt.

4. Unternehmergeist ist wichtiger als Innovation. Angebot und Nachfrage wurden hier auf den Kopf gestellt: Fast alle Länder, Bundesstaaten und Städte haben voll und ganz auf Innovation gesetzt. Innovation ist wichtig, aber sie spielt nur eine unterstützende Rolle im Vergleich zum entscheidenden Unternehmergeist. Investitionen sollten in die seltenen Unternehmer getätigt werden anstatt in den weltweiten Überschuss an Innovationen. Anders ausgedrückt, es ist weit besser, in Menschen zu investieren, die Unternehmertypen sind, als in großartige Ideen.

5. Amerika kann die Kosten seiner Gesundheitsversorgung nicht mehr einholen. Sie sind ein Klotz am Bein der Vereinigten Staaten, wie ihn praktisch kein anderes Land mitzuschleppen hat. Jede Führungskraft muss bei ihren Entscheidungen die körperliche Fitness im Auge haben, sonst gibt sie Amerikas Führungsrolle in der freien Welt auf. Die amerikanischen Führungskräfte müssen ihre Teams in Hinblick auf Leistung und Wachstum anleiten, aber auch im Hinblick auf allgemeine Gesundheit und Wellbeing.

6. Die Quote der Schulabbrecher in Amerika liegt bei annähernd einem Drittel – 50 Prozent bei den Minderheiten. Weil jede Zahl im öffentlichen Schulsystem auf die lokale Ebene herunterzubrechen ist, müssen die Oberhäupter vor Ort ihre ganze Stadt und alle Jugendförderprogramme dem Kampf gegen die Schulabbrecherquote verschreiben, und zwar mit einer Strategie für jede einzelne Stadt, jede einzelne Schule und jeden einzelnen Schüler.

7. Die Vereinigten Staaten müssen sich von den anderen Ländern abheben, indem sie die Zahl ihrer emotional gebundenen Mitarbeiter verdoppeln. Innere Kündigung und Arbeitsstätten mit niedrigem Energielevel vernichten letztlich Stellen. Nur 28 Prozent der amerikanischen Arbeitskräfte sind bereit, sich jeden Tag dem Wettbewerb zu stellen und zu den Besten zu gehören. Wenn die USA diese Zahl verdoppeln könnten, würde dies das Kräfteverhältnis USA – China verschieben. Eine Verdopplung dieser Zahl würde mehr Kunden, mehr Jobs und mehr Unternehmensneugründungen mit sich bringen und ganz allgemein die Wirtschaftskraft der Vereinigten Staaten verdoppeln. Ein Unternehmen mit schlechtem Arbeitsklima zu führen ist nicht nur schlechtes Business, es ist auch unamerikanisch.

8. Neue Arbeitsplätze entstehen, wenn neue Kunden auftauchen. Deshalb sind Erkenntnisse über den Kunden, oft auch als »Customer Insight« oder Kundenzentrierung bezeichnet, heute wichtiger denn je. Die Kundenzentrierung und ein vertieftes

Wissen über den Kunden sind in diesem Kampf von wesentlicher Bedeutung. Die Amerikaner müssen die weltweiten Kunden besser verstehen als irgendjemand sonst auf der Welt, um den Wettlauf um die zu erwartenden 140 Billionen Dollar an globalem Wirtschaftswachstum nicht zu verlieren.

9. Jede Wirtschaft wird von den kleinen bis mittleren Unternehmen getragen. So wie deren Stimmung, besonders in puncto Optimismus und Entschlossenheit, sieht auch Amerikas wirtschaftliche Zukunft aus. Die meisten Arbeitsplätze entstehen, wenn Unternehmer Firmen gründen. Die nächstgrößere Quelle von Arbeitsplätzen sind die annähernd 5 Prozent bestehender kleiner Unternehmen, deren Erfolgskurve steil nach oben geht. Die Städte müssen ein Umfeld schaffen, in dem dies stark unterstützt und gefördert, von Mentoren begleitet und gewürdigt wird. Jede Strategie muss die Schaffung und Förderung von kleinen Unternehmen Auge haben.

10. Wie die Exporte, so entwickelt sich auch der Kampf um die Arbeitsplätze von morgen. Die Vereinigten Staaten müssen ihre Exporte in den kommenden fünf Jahren mehr als verdreifachen und in den kommenden dreißig Jahren sogar um das Zwanzigfache erhöhen. Sie können den Kampf um die Arbeitsplätze von morgen nicht gewinnen, indem sie nur einfach mehr Produkte an ihre Kunden im eigenen Land verkaufen. Das Land muss exportieren.

Wenn die Vereinigten Staaten diese zehn Anforderungen meistern, kann das Land nicht nur seinen prophezeiten Untergang abwenden, sondern zusätzlich weltweit freundschaftliche Beziehungen knüpfen auf der Basis gegenseitigen Respekts, der letztlich aus Geschäftsbeziehungen erwächst. Und wenn sich der Rauch verzieht, haben die Vereinigten Staaten von Amerika mit friedlichen Mitteln den weltweiten Kampf um die Arbeitsplätze gewonnen.

Vieles von dem, was ich geschrieben habe, mag düster erscheinen, und viele meiner Rezepte sind bitter. Aber sie lassen sich realisieren.

AJ, der Sohn der Putzfrau, zweifelt keine Minute daran, dass da draußen ein toller Job auf ihn wartet. Denken Sie an all die emotional gebundene Arbeitskräfte in Unternehmen überall auf der Welt, die arbeiten, als seien die wirtschaftlichen Möglichkeiten unbeschränkt. Sie täuschen sich nicht. Und wenn sie so weitermachen wie bisher, werden sie auch nicht scheitern.

Doch man kann sie zum Scheitern *bringen*: durch schlechte Richtlinien und falsche Gesellschaftsbilder, durch Mentoren, die kein Gespür haben, durch Städte, die pleitegehen, durch Jugendliche, die den Schulabschluss eigentlich geschafft hätten, durch Menschen, die eigentlich gesund gewesen wären, durch Mitarbeiterengagement, das man eigentlich hätte entfachen können, und durch Arbeitsplätze, die man eigentlich hätte schaffen können. Wenn man diese Arbeitskräfte zum Scheitern bringt, dann scheitern die Länder ebenfalls.

Im Kampf um die Arbeitsplätze von morgen wird das Scheitern leicht, das Gewinnen dagegen schwer sein. Jobs zu schaffen und sie im Land zu behalten erfordert einen Kampf. Es wird dabei keine unbeteiligten Zuschauer geben, jedoch Verlierer. Ich will nicht, dass Amerika diesen Kampf verliert. Dieses Land ist ein Leuchtfeuer für die talentiertesten Menschen der Welt, jene Männer und Frauen, die die besten Arbeitsplätze schaffen und die Entwicklung der Menschheit weiter voranbringen, zum Nutzen und Wohle aller.

Die Vereinigten Staaten von Amerika sind ein außergewöhnliches Land mit außergewöhnlichen Menschen. Wieder einmal, und gegen alle Widerstände, muss es diesen Kampf führen und sich beweisen – und alle anderen Marktwirtschaften ebenfalls.

Literaturverzeichnis

Alle statistischen Angaben, die hier nicht angeführt sind, stammen aus Forschungen oder Studien von Gallup.

Abouzeid, R. (21. Januar 2011). *Bouazizi: The man who set himself and Tunisia on fire.* Aufgerufen am 13. April 2011, http://www.time.com/time/world/article/0,8599,2043557,00.html

Adam Smith Institute (o. D.). *The wealth of nations.* Aufgerufen am 12. April 2011, http://www.adamsmith.org/the-wealth-of-nations/

Al Gore Support Center (o. D.). *Al Gore accomplishments (detailed list).* Aufgerufen am 17. April 2011, http://www.algore2008.net/accomplishments2.html

Alam, M. S. (13. Januar 2011). A political murder in Pakistan or war? *Foreign Policy Journal.* Aufgerufen am 15. April 2011, http://www.foreignpolicyjournal.com/2011/01/13/a-political-murderin-pakistan-or-war/

Alden, W. (18. Februar 2011). Illinois pension contribution plan »incredibly dangerous«. *The Huffington Post.* Aufgerufen am 5. April 2011, http://www.huffingtonpost.com/2011/02/18/illinoispension_n_824987.html

America's Promise Alliance (o. D.). *Alliance partners.* Aufgerufen am 22. April 2011, http://www.americaspromise.org/Partnerships/Alliance-Partners.aspx

Americans continue to die from preventable injuries (Titelstory) (2009). Worldwide Databases, *21* (9), 1–4. Aufgerufen aus EBSCOhost.

Angner, E. und Loewenstein, G. (20. November 2006). *Behavioral economics.* Aufgerufen am 12. April 2011, http://sds.hss.cmu.edu/media/pdfs/loewenstein/BehavioralEconomics.pdf

Anheuser-Busch (o. D.). *St. Louis brewing roots.* Aufgerufen am 21. April 2011, http://www.anheuser-busch.com/s/index.php/ourheritage/history/

Associated Press (18. Februar 2010). Study: Michigan faces public employee pension gap. *The Oakland Press.* Aufgerufen am 5. April 2011, http://www.theoaklandpress.com/articles/2010/02/18/news/doc4b7d1e7d37fa8981623381.txt?viewmode=fullstory

Bainbridge, W. S. (Hrsg.) (2004). *Berkshire encyclopedia of human-computer interaction* (Bd. 2). Great Barrington, MA: Berkshire.

Bartlett, B. (3. Juli 2009). Health care: Costs and reform. *Forbes.* Aufgerufen am 23. April 2011, http://www.forbes.com/2009/07/02/health-care-costs-opinions-columnists-reform.html

Barton, P. E. (2005). *One-third of a nation: Rising dropout rates and declining opportunities.* Aufgerufen am 22. April 2011, http://www.ets.org/Media/Education_Topics/pdf/onethird.pdf

BBC (8. Februar 2011). *Profile: Egypt's Wael Ghonim.* Aufgerufen am 13. April 2011, http://www.bbc.co.uk/news/world-middle-east-12400529

Beamish, R. (1. Mai 2011). Back to school for the billionaires. *Newsweek.* Aufgerufen am 1. Mai 2011, http://www.newsweek.com/2011/05/01/back-to-school-for-the-billionaires.html

Belasco, A. (29. März 2011). *The cost of Iraq, Afghanistan, and other global war on terror operations since 9/11.* Aufgerufen am 24. Mai 2011, http://www.fas.org/sgp/crs/natsec/RL33110.pdf

Biographical Directory of the United States Congress. (o. D.). *Gore, Albert Arnold, Jr.* Aufgerufen am 17. April 2011, http://bioguide.congress.gov/scripts/biodisplay.pl?index=g000321

Biography.com (o. D.). *Ted Turner Biography*. Aufgerufen am 18. April 2011, http://www.biography.com/articles/Ted-Turner-9512255

Bloomberg (1. August 2009). *U.S. recession worst since great depression, revised data show*. Aufgerufen am 5. April 2011, http://www.bloomberg.com/apps/news?pid=newsarchive&sid=aNivTjr852TI

Brady, D. (8. September 2010). The challenges facing Burger King buyer 3G Capital. *BusinessWeek*. Aufgerufen am 21. April 2011, http://www.businessweek.com/magazine/content/10_38/b4195018489726.htm

Brown, I. T. und Khoury, C. (20. August 2009). *In OECD countries, universal healthcare gets high marks*. Aufgerufen am 23. April 2011, http://www.gallup.com/poll/122393/oecd-countries-universalhealthcare-gets-high-marks.aspx

Buckingham, M. und Clifton, D. O. (2001). *Now, discover your strengths*. New York: Free Press.

Bureau of Labor Statistics (o. D.). *The Employment Situation – June 2011*. Aufgerufen am 1. Mai 2011, http://www.bls.gov/news.release/pdf/empsit.pdf

Burger King (o. D.). *About BK*. Aufgerufen am 21. April 2011, http://www.bk.com/en/us/company-info/press/index.html

Campbell, A. (16. Oktober 2006). *Partnering and strategic alliances – Resources for you*. Aufgerufen am 18. April 2011, http://smallbiztrends.com/2006/10/partnering-and-strategic-alliancesresources-for-you.html

Cantril, H. (1965). *The pattern of human concerns*. New Brunswick, NJ: Rutgers University Press.

Cardenas, M. und Rozo, S. (2008). *Does crime lower growth? Evidence from Columbia*. Aufgerufen am 29. April 2011, http://www.growthcommission.org/storage/cgdev/documents/gcwp-030web.pdf

Carroll, J. (10. Januar 2006). *Americans, Canadians, Britons similarly rate their healthcare systems.* Aufgerufen am 23. April 2011, http://www.gallup.com/poll/20821/americans-canadians-britonssimilarly-rate-their-healthcare-systems.aspx

Center for Research on Education Outcomes (Juni 2009). *Multiple choice: Charter school performance in 16 states.* Aufgerufen am 21. April 2011, http://credo.stanford.edu/reports/MULTIPLE_CHOICE_CREDO.pdf

Centers for Medicare & Medicaid Services (o. D.). *National health expenditure 2009 highlights.* Aufgerufen am 23. April 2011, https://www.cms.gov/NationalHealthExpendData/downloads/highlights.pdf

Centers for Medicare & Medicaid Services (o. D.). *NHE fact sheet.* Aufgerufen am 23. April 2011, https://www.cms.gov/NationalHealthExpendData/25_NHE_Fact_Sheet.asp

Central Intelligence Agency (9. April 2011). *The world factbook.* Aufgerufen am 23. April 2011, https://www.cia.gov/library/publications/the-world-factbook/index.html

Cerf, V. G. und Kahn, R. E. (Mai 1974). A protocol for packet network intercommunication. *IEEE Transactions on Communications, 22*(5), 637–648.

Chantrill, C. (8. April 2011). *Total budgeted government spending.* Aufgerufen am 8. April 2011, http://www.usgovernmentspending.com/index.php

The Chubby Team (15. Juli 2009). *Top cities for venture capital in Q2 '09 – New York and Seattle.* Aufgerufen am 15. April 2011, http://www.chubbybrain.com/blog/top-cities-for-venture-capital-in-q2-2009-new-york-and-seattle/

Citgo (o. D.). *Company history.* Aufgerufen am 21. April 2011, http://www.citgo.com/AboutCITGO/CompanyHistory.jsp

Clifton, J. (2007). *Global migration patterns and job creation.* Omaha, NE: Gallup.

Clifton, J. und Marlar, J. (2011). *Good jobs: The new global standard.* Omaha, NE: Gallup.

CNN World (28. Mai 1999). *World's largest army not necessarily the strongest.* Aufgerufen am 5. April 2011, http://articles.cnn.com/1999-05-28/world/9905_28_china.military_1_chinaanalyst-nuclear-arsenal-prime-minister-li-peng?_s=PM:WORLD

CNNMoney (o. D.). *Fortune 500.* Aufgerufen am 18. April 2011, http://money.cnn.com/magazines/fortune/fortune500/2010/full_list/101_200.html

Committee for Capitalizing on Science, Technology, and Innovation (2009). *An assessment of the small business innovation research program at the department of defense.* Aufgerufen am 25. Mai 2011, http://www.ncbi.nlm.nih.gov/books/NBK32835/pdf/TOC.pdf

Congress of the U.S., Senate Committee on Commerce, Science, and Transportation (5. März 1991). *High-performance computing and communications act of 1991.* Aufgerufen am 17. April 2011, http://www.eric.ed.gov/PDFS/ED332694.pdf

Crane, D. (6. April 2010). *California's $500-billion pension time bomb.* Los Angeles Times. Aufgerufen am 5. April 2011, http://articles.latimes.com/2010/apr/06/opinion/la-oe-crane6-2010apr06

Curry, S. R. (2. März 2011). *Warren Buffett: Buy affordable home, not your dream home.* Aufgerufen am 15. April 2011, http://realestate.aol.com/blog/2011/03/02/warren-buffett-buy-affordable-homenot-your-dream-home/?ncid=AOLCOMMre00sharartl0001

Daglis, I. A. (Hrsg.) (2001). *Space storms and space weather hazards.* Dordrecht, Netherlands: Kluwer.

De la Merced, M. J. und Maynard, M. (o. D.) Fiat deal with Chrysler seals swift 42-day overhaul. *The New York Times.* Aufgerufen am 21. April 2011, from http://www.nytimes.com/2009/06/11/business/global/11chrysler.html

Deaton, A. (2008). Income, health, and well-being around the world: Evidence from the Gallup World Poll. *Journal of Economic Perspectives, 22*(2), 53–72.

Demott, J. S. und Byrnes, R. (4. Februar 1985). Here come the intrapreneurs. *TIME.* Aufgerufen am 18. April 2011, http://www.time.com/time/magazine/article/0,9171,959877,00.html

Discover (Dezember 2008). The »father of the Internet« would rather you call him »Vint« [Digitale Ausgabe].

Don't Mess With Texas (o. D.). *History: Don't mess with Texas.* Aufgerufen am 3. Mai 2011, http://dontmesswithtexas.org/history/

Editorials (31. Mai 2005). CNN changed news – for better and worse. *Taipei Times.* Aufgerufen am 18. April 2011, http://www.taipeitimes.com/News/editorials/archives/2005/05/31/2003257358/1

Electronic Frontier Foundation (o. D.). *Gore bill.* Aufgerufen am 17. April 2011, http://w2.eff.org/Net_culture/Net_info/Misc/gore.bill

Encyclopedia of Information Technology (2007). New Delhi: Atlantic.

Federal Accounting Standards Advisory Board (o. D.). *Authoritative source of guidance.* Aufgerufen am 20. April 2011, http://www.fasab.gov/accepted.html

Fin24 (10. Dezember 2010). *Vavi: Beware of predatory elite.* Aufgerufen am 15. April 2011, http://www.fin24.com/Economy/Vavi-Beware-of-predatory-elite-20101210

Finkelstein, E. A., DiBonaventura, M. C., Burgess, S. M. und Hale, B. C. (2010). The costs of obesity in the workplace. *Journal of Occupational and Environmental Medicine, 52*(10), 971–976.

Flegal, K. M., Carroll, M. D., Ogden, C. L. und Curtin, L. R. (2010). Prevalence and trends in obesity among US adults, 1999–2008. *Journal of the American Medical Association, 303*(3), 235–241.

Fogel, R. (2010). $123,000,000,000,000. *Foreign Policy* (177), 1. Aufgerufen am 24. Mai 2011, EBSCO*host.*

Gallup (o. D.). *Gallup daily: U.S. life evaluation.* Aufgerufen am 29. April 2011, http://www.gallup.com/poll/110125/Gallup-Daily-Life-Evaluation.aspx

Gallup (2009). *The next discipline: Applying behavioral economics to drive growth and profitability.* Omaha, NE: Gallup.

Gallup (2010). *State of the American workplace: 2008–2010.* Omaha, NE: Gallup.

Gallup (2010). *The state of the global workplace: A worldwide study of employee engagement and wellbeing.* Omaha, NE: Gallup.

Gallup (1. Februar 2010). *Gallup employment classifications.* Omaha, NE: Gallup.

Gallup (2011). *Building a more positive future for America's youth: Development and validation of the Gallup-Operation HOPE Financial Literacy Index.* Omaha, NE: Gallup.

Gallup (5. April 2011). *Gallup global employment tracking.* Aufgerufen am 5. April 2011, http://www.gallup.com/poll/145487/Gallup-Global-Employment-Tracking.aspx

Gallup Management Journal (12. Januar 2006). Gallup study: Feeling good matters in the workplace. *Gallup Management Journal.* Aufgerufen am 21. April 2011, http://gmj.gallup.com/content/20770/gallup-study-feeling-good-matters-in-the.aspx

Google, Inc. (8. September 2005). *Cerf's up at Google.* Aufgerufen am 15. April 2011, http://www.google.com/press/pressrel/vintcerf.html

Gray, S. (o. D.). *Detroit: 10 things to do in 24 hours.* Aufgerufen am 10. April 2011, http://www.time.com/time/travel/cityguide/article/0,31489,1994456_1994357_1994238,00.html

Gunther, M. (4. Oktober 2006). *Ted Turner's Montana adventure.* Aufgerufen am 18. April 2011, http://money.cnn. com/2006/10/03/news/economy/pluggedin_gunther_bison. fortune/index.htm

Harter, J. K., Schmidt, F. L., Killham, E. A. und Agrawal, S. (August 2009). *Q12 meta-analysis: The relationship between engagement at work and organizational outcomes.* Omaha, NE: Gallup.

Healey, J. R. (25. Februar 2009). Obama's auto faux pas leads to history lesson. *USA TODAY.* Aufgerufen am 18. April 2011, http:// www.usatoday.com/money/autos/2009-02-25-obamaclaim-daimler-differs_N.htm

Hoover, D. R., Crystal, S., Kumar, R., Sambamoorthi, U. und Cantor, J. C. (2002). Medical expenditures during the last year of life: Findings from the 1992–1996 Medicare current beneficiary survey. *Health Services Research, 37*(6), 1625–1642.

Hunt, Tristram (6. Juni 2004). *One last time they gather, the greatest generation.* Aufgerufen am 10. April 2011, http://www.guardian. co.uk/uk/2004/jun/06/secondworldwar

Jacobe, D. (31. März 2011). *Gallup finds U.S. unemployment rate at 10.0% in March.* Aufgerufen am 5. April 2011, http://www. gallup.com/poll/146900/Gallup-Finds-Unemployment-Rate-March.aspx

Jacobs, D. G. (September 2005). Blockbuster growth. *SmartBusiness.* Aufgerufen am 18. April 2011, http://www.huizenga.nova.edu/ About/BlockbusterGrowth.pdf

Jacobs, J. (30. September 2006). Award winning campaign comes from local roots. *Corsicana Daily Sun.* Aufgerufen am 2. Mai 2011, http://corsicanadailysun.com/local/x212332626/Award-winn-ngcampaign-comes-from-local-roots/print

Jones, J. M. (30. November 2010). *Americans prioritize deficit reduction as an economic strategy.* Aufgerufen am 8. April 2011, http://

www.gallup.com/poll/144956/Americans-Prioritize-Deficit-Reduction-Economic-Strategy.aspx

Joyce, C. A. (Hrsg.) (2008). *The world almanac and book of facts.* New York: World Almanac.

Kanter, L. (31. August 1999). Warren Buffett. *Salon.* Aufgerufen am 15. April 2011, http://www.salon.com/people/bc/1999/08/31/buffett

Kelley, R. (Oktober 2009). *Where can $700 billion in waste be cut annually from the U.S. healthcare system?* Aufgerufen am 23. April 2011, http://www.factsforhealthcare.com/whitepaper/HealthcareWaste.pdf

Keynes, J. M. (2006). *The general theory of employment, interest and money.* New Delhi: Atlantic.

Khoury, C. und Brown, I. T. (31. März 2009). *Among OECD nations, U.S. lags in personal health.* Aufgerufen am 23. April 2011, http://www.gallup.com/poll/117205/Americans-Not-Feeling-Health-Benefits-High-Spending.aspx

Kohn, L. T., Corrigan, J. M. und Donaldson, M. S. (2000). *To err is human: Building a safer health system.* Washington, D.C.: National Academy Press.

Langan, P. A. und Durose, M. R. (21. Oktober 2004). *The remarkable drop in crime in New York City.* Aufgerufen am 29. April 2011, http://www.scribd.com/doc/322928/Langan-rel

Langlois, S. (10. März 2003). *Sleeping tight in Luxembourg.* Aufgerufen am 29. April 2011, http://www.marketwatch.com/story/worlds-most-safe-dangerous-cities

Library of Economics and Liberty (o. D.). *An inquiry into the nature and cause of the wealth of nations.* Aufgerufen am 12. April 2011, http://www.econlib.org/library/Smith/smWN.html

Lohr, S. (24. August 1993). I.B.M. said to focus on Intel clone. *The New York Times.* Aufgerufen am 18. April 2011, http://www.nytimes.com/1993/08/24/business/ibm-said-to-focus-on-intel-clone.html

Lopez, S. J. (2011). *Youth readiness for the future: A report on findings from a representative Gallup Student Poll sample.* Omaha, NE: Gallup.

Lopez, S. J., Agrawal, S. und Calderon, V. J. (August 2010). *The Gallup Student Poll technical report.* Omaha, NE: Gallup.

Lowrey, A. (31. Januar 2011). *Protesting on an empty stomach: How the Egyptian economy is fueling unrest in Egypt.* Aufgerufen am 13. April 2011, http://www.slate.com/id/2283217/

Marlar, J. (9. März 2010). *The emotional cost of underemployment.* Aufgerufen am 5. April 2011, http://www.gallup.com/poll/126518/Emotional-Cost-Underemployment.aspx

Marlar, J. (9. März 2010). *Six in 10 underemployed not hopeful about finding work.* Aufgerufen am 5. April 2011, http://www.gallup.com/poll/126122/Six-Underemployed-Not-Hopeful-Finding-Work.aspx

Mateja, J. (7. Januar 1999). Wayne Huizenga isn't your ordinary usedcar salesman. *Chicago Tribune.* Aufgerufen am 18. April 2011, http://articles.chicagotribune.com/1999-01-07/business/9901070629_1_used-car-superstore-new-car-franchises-autonation

McCarthy, T. (23. August 1999). *Lee Kuan Yew.* Aufgerufen am 14. April 2011, http://www.time.com/time/world/article/0,8599,2054444,00.html

McHugh, J. (7. Mai 2010). Michigan pension fund shortfall: $11.5 billion, not $51.3 billion. *Mackinac Center for Public Policy.* Aufgerufen am 5. April 2011, http://www.mackinac.org/12703

McLean, B. (Februar 2011). Mr. Warren's confession. *Vanity Fair.* Aufgerufen am 15. April 2011, http://www.vanityfair.com/business/features/2011/02/warren-buffett-201102

Mehta, S. (21. September 2010). eBay founder won't endorse Meg Whitman for governor. *Los Angeles Times.* Aufgerufen am 18.

April 2011, http://latimesblogs.latimes.com/california-politics/2010/09/ebay-creator-pierre-omidyar-wont-endorse-meg-whitman-forgovernor.html

Melville, K. (2006). *Learning to finish: The school dropout crisis.* Aufgerufen am 22. April 2011, http://www.pew-partnership.org/pdf/dropout_overview.pdf

Mendes, E. (9. Februar 2010). *Six in 10 overweight or obese in U.S., more in '09 than in '08.* Aufgerufen am 23. April 2011, http://www.gallup.com/poll/125741/Six-Overweight-Obese.aspx

Mendes, E. (17. September 2010). *Obesity linked to lower emotional wellbeing.* Aufgerufen am 23. April 2011, http://www.gallup.com/poll/143045/Obesity-Linked-Lower-Emotional-Wellbeing.aspx

Mintz, S. (2007). *Digital history.* Aufgerufen am 5. April 2011, http://www.digitalhistory.uh.edu/database/article_display.cfm?HHID=188

Morales, L. (15. Oktober 2010). *Americans disagree on how to fix entitlement programs.* Aufgerufen am 8. April 2011, http://www.gallup.com/poll/143705/Americans-Disagree-Fix-Entitlement-Programs.aspx

Mydans, S. (29. August 2007). *Lee Kuan Yew, founder of Singapore, changing with times.* Aufgerufen am 14. April 2011, http://www.nytimes.com/2007/08/29/world/asia/29iht-lee.1.7301669.html

National Center for Chronic Disease Prevention and Health Promotion. (2009). *The power of prevention: Chronic disease ... the public health challenge of the 21st century.* Aufgerufen am 23. April 2011, http://www.cdc.gov/chronicdisease/pdf/2009-Power-of-Prevention.pdf

National Center for Health Statistics (o. D.). *NCHS health e-stat.* Aufgerufen am 29. April 2011, http://www.cdc.gov/nchs/data/hestat/overweight/overweight_adult.htm

National Center for Health Statistics (2007). *Health, United States, 2007: With chartbook on trends in the health of Americans.* Aufgerufen am 29. April 2011, http://www.cdc.gov/nchs/data/hus/hus07.pdf

National Park Service U.S. Department of the Interior (o. D.). *Wright Brothers.* Aufgerufen am 17. April 2011, http://www.nps.gov/wrbr/index.htm

National Priorities Project (o. D.) *Cost of war.* Aufgerufen am 4. Mai 2011, http://costofwar.com/en/

The New York Times (11. September 2009). Health care abroad: France. *The New York Times.* Aufgerufen am 23. April 2011, http://prescriptions.blogs.nytimes.com/2009/09/11/health-careabroad-france/

Newman, R. (15. September 2009). 4 countries with better health-care than ours. *U.S. News & World Report.* Aufgerufen am 23. April 2011, http://money.usnews.com/money/blogs/flowchart/2009/09/15/4-countries-with-better-healthcare-than-ours-

News24 (21. September 2010). *ANC concerned about >predatory elite.<* Aufgerufen am 15. April 2011, from http://www.news24.com/SouthAfrica/Politics/ANC-concerned-about-predatory-elite-20100921

Nova Southeastern University (o. D.). *H. Wayne Huizenga.* Aufgerufen am 18. April 2011, http://www.huizenga.nova.edu/About/HWayneHuizenga.cfm

Office of Management and Budget (2011). *Budget of the U.S. government: Fiscal year 2011.* Aufgerufen am 8. April 2011, http://www.gpoaccess.gov/usbudget/fy11/pdf/budget.pdf

Office of the United States Trade Representative (19. Januar 2010). *Weekly trade spotlight: Small and medium-sized enterprises: Overview of participation in U.S. imports.* Aufgerufen am 8. April 2011, http://www.ustr.gov/about-us/press-office/blog/2010/january/weeklytrade-spotlight-small-and-medium-sized-enterprises-ov

Operation HOPE (o. D.). *Measuring the HOPE effect.* Aufgerufen am 22. April 2011, http://www.operationhope.org/index.cfm/act/Initiative/pid/8

Orfield, G., Losen, D., Wald, J. und Swanson, C. B. (2004). *Losing our future: How minority youth are being left behind by the graduation rate crisis.* Aufgerufen am 22. April 2011, http://www.urban.org/uploadedPDF/410936_LosingOurFuture.pdf

Palmeri, C. (2. Januar 2009). Worst recession since the 30s will end in 2009. *Bloomberg Businessweek.* Aufgerufen am 5. April 2011, http://www.businessweek.com/the_thread/hotproperty/archives/2009/01/worst_recession_since_the_30s_will_end_in_2009.html

Pappas, S. (8. Oktober 2010). *Obesity's hidden job costs: $73 billion.* Aufgerufen am 29. April 2011, http://www.msnbc.msn.com/id/39571973/ns/health-diet_and_nutrition/

PBS (1999). *Birth of the Internet.* Aufgerufen am 17. April 2011, http://www.pbs.org/transistor/background1/events/arpanet.html

PBS (21. Dezember 2004). *Fidel Castro.* Aufgerufen am 14. April 2011, http://www.pbs.org/wgbh/amex/castro/timeline/index.html

Pearson, M. (September 2009). *Disparities in health expenditure across OECD countries: Why does the United States spend so much more than other countries?* Aufgerufen am 23. April 2011, http://www.oecd.org/dataoecd/5/34/43800977.pdf

Pietrusza, D. (Hrsg.) (2008). *Silent Cal's Almanack: The Homespun Wit and Wisdom of Vermont's Calvin Coolidge.* Charleston: CreateSpace.

Prudential (o. D.) *Understanding Social Security.* Aufgerufen am 2. Mai 2011, http://www3.prudential.com/signature/Social-Security.html

Rath, T. und Clifton, D. O. (14. Oktober 2004). The big impact of small interactions. *Gallup Management Journal*. Aufgerufen am 12. April 2011, http://gmj.gallup.com/content/12916/big-impactsmall-interactions.aspx

Rath, T. und Harter, J. (2010). *Wellbeing: The five essential elements*. New York: Gallup Press.

Ray, J. (29. April 2008). *China's leadership better regarded outside the west*. Aufgerufen am 8. April 2011, http://www.gallup.com/poll/106858/chinas-leadership-better-regarded-outside-west.aspx

Reeves, S. (23. September 2005). Caribou Coffee's robust IPO. *Forbes*. Aufgerufen am 21. April 2011, http://www.forbes.com/2005/09/23/cariboucoffee-IPO-equities-cx_sr_0923ipooutlook.html

Robison, J. (10. April 2008). What's next for banks? *Gallup Management Journal*. Aufgerufen am 14. April 2011, http://gmj.gallup.com/content/105988/whats-next-banks.aspx#1

Rosenberg, S. (5. Oktober 2000). Did Gore invent the Internet? *Salon*. Aufgerufen am 15. April 2011, http://www.salon.com/technology/col/rose/2000/10/05/gore_internet

Ross, J. (2006). *Forward march*. Bloomington, in: AuthorHouse.

Saad, L. (24. Juli 2008). *U.S. smoking rate still coming down*. Aufgerufen am 29. April 2011, http://www.gallup.com/poll/109048/ussmoking-rate-still-coming-down.aspx#2

Saad, L. (14. Februar 2011). *China surges in Americans' views of top world economy*. Aufgerufen am 5. April 2011, http://www.gallup.com/poll/146099/China-Surges-Americans-Views-Top-World-Economy.aspx

SBIR.gov (o. D.). *About SBIR and STTR programs*. Aufgerufen am 25. Mai 2011, http://www.sbir.gov/about/index.htm

Schaper, D. (24. März 2010). Shortfall threatens Illinois pension system. *NPR*. Aufgerufen am 5. April 2011, http://www.npr.org/templates/story/story.php?storyId=125076655

Schulte, B. (26. November 2006). A Texas mess over coal. *U.S. News & World Report*. Aufgerufen am 3. Mai 2011, http://crosswords911.com/antilittering.jsp?q=aHR0cDovL3d3dy51c25ld3MuY29tL3VzbmV3cy9uZXdzL2FydGljbGVzLzA2MTEyNi80Y29hbC5odG0=

Semega, J. (September 2009). *Median household income for states: 2007 and 2008 American Community Surveys*. Aufgerufen am 30. April 2011, http://www.census.gov/prod/2009pubs/acsbr08-2.pdf

Smith, C. (28. Februar 2011). Vinton Cerf, >father of the Internet,< on the Internet's challenges. *The Huffington Post*. Aufgerufen am 15. April 2011, http://www.huffingtonpost.com/2011/02/26/vinton-cerf-future-of-the-internet_n_828322.html

Spain, W. und Goldstein, S. (14. Juli 2008). *Anheuser-Busch accepts $52 billion InBev offer*. Aufgerufen am 21. April 2011, http://www.marketwatch.com/story/anheuser-busch-accepts-52-billion

Spence, R. M. jun. (2009). *It's not what you sell, it's what you stand for*. New York: Penguin.

St. Peter, A. (2010). *The greatest quotations of all-time*. Bloomington: Xlibris.

Stein, R. B. (1981). New York City's economy in 1980. *Quarterly Review, 6*(1), 1-7.

Stelfox, H. T., Palmisani, S., Scurlock, C., Orav, E. J. und Bates, D. W. (2006). The »to err is human« report and the patient safety literature. *Quality and Safety in Health Care, 15*, 174–178.

Stewart, B. (2000). *Vinton Cerf – TCP/IP co-designer*. Aufgerufen am 1. Mai 2011, http://www.livinginternet.com/i/ii_cerf.htm

Stockholm International Peace Research Institute (April 2011). *Background paper on SIPRI military expenditure data, 2010.* Aufgerufen am 5. April 2011, http://www.sipri.org/research/armaments/milex/factsheet2010

Stone, M. (19. November 1990). Hard Times. *New York, 23*(45), 36–45.

Stooke, K. (18. Mai 2010). *Masai warriors from Kenya visit Swindon.* BBC. Aufgerufen am 5. April 2011, http://news.bbc.co.uk/local/wiltshire/hi/people_and_places/arts_and_culture/newsid_8689000/8689973.stm

Sum, A., Khatiwada, I., McLaughlin, J. und Palma, S. (Oktober 2009). *The consequences of dropping out of high school: Joblessness and jailing for high school dropouts and the high cost for taxpayers.* Aufgerufen am 21. April 2011, http://www.clms.neu.edu/publication/documents/The_Consequences_of_Dropping_Out_of_High_School.pdf

Tax Policy Center (o. D.). *Who doesn't pay federal taxes?* Aufgerufen am 30. April 2011, http://www.taxpolicycenter.org/taxtopics/federal-taxes-households.cfm

Thaler, R. H. (1999). Mental accounting matters. *Journal of Behavioral Decision Making, 12*(3), 183–206.

3G Capital (o. D.). *About 3G Capital.* Aufgerufen am 21. April 2011, http://3g-capital.com/about.html

Toch, T. (6. Juli 2010). Small schools are still beautiful. *The Hechinger Report.* Aufgerufen am 21. April 2011, http://hechingerreport.org/content/small-schools-are-still-beautiful_3485/

Trading Economics (o. D.). *China GDP growth rate.* Aufgerufen am 5. April 2011, http://www.tradingeconomics.com/united-states/gdp-growth

Trading Economics (o. D.). *Country ranking by gross domestic product (GDP) in billions of dollars.* Aufgerufen am 5. April 2011, from http://www.tradingeconomics.com/World-Economy/GDP. aspx

Trading Economics (o. D.). *United States GDP growth rate.* Aufgerufen am 5. April 2011, http://www.tradingeconomics.com/unitedstates/gdp-growth

Trading Economics (o. D.). *United States gross domestic product (GDP).* Aufgerufen am 5. April 2011, http://www.tradingeconomics.com/united-states/gdp

U.S. Census Bureau (o. D.). *Statistics about business size (including small business) from the U.S. Census Bureau.* Aufgerufen am 24. Mai 2011, http://www.census.gov/econ/smallbus.html

U.S. Census Bureau (2008). *Statistics of U.S. businesses.* Aufgerufen am 19. April 2011, http://www.census.gov/econ/susb/

U.S. Census Bureau (15. Juni 2010). *Back to school: 2010-2011.* Aufgerufen am 2. Mai 2011, http://www.census.gov/newsroom/releases/archives/facts_for_features_special_editions/cb10-ff14.html

U.S. Census Bureau (7. Februar 2011). *School enrollment – social and economic characteristics of students: October 2009.* Aufgerufen am 22. April 2011, http://www.census.gov/population/www/socdemo/school/cps2009.html

U.S. Census Bureau (5. April 2011). *U.S. & world populations clocks.* Aufgerufen am 5. April 2011, http://www.census.gov/main/www/popclock.html

U.S. Census Bureau (5. April 2011). *World POP clock projection.* Aufgerufen am 5. April 2011, http://www.census.gov/ipc/www/popclockworld.html

U.S. Census Bureau (5. April 2011). *World population by age and sex.* Aufgerufen am 5. April 2011, http://www.census.gov/ipc/www/idb/worldpop.php

US Debt Clock.org (8. April 2011). *US federal spending.* Aufgerufen am 8. April 2011, http://www.usdebtclock.org/

U.S. Small Business Administration (o. D.). *Advocacy small business statistics and research.* Aufgerufen am 8. April 2011, http://web.sba.gov/faqs/faqIndexAll.cfm?areaid=24

U.S. Small Business Administration (o. D.). *Employer firms, establishments, employment, and annual payroll small firm size classes, 2007.* Aufgerufen am 8. April 2011, http://archive.sba.gov/advo/research/us_07ss.pdf

United States Department of Labor (o. D.). *Small business in America.* Aufgerufen am 19. April 2011, http://www.dol.gov/odep/pubs/ek00/small.htm

United States Department of Labor (5. April 2011). *Economic news release: Employment situation technical note.* Aufgerufen am 5. April 2011, http://www.bls.gov/news.release/empsit.tn.htm

United States Department of Labor (5. April 2011). *Latest numbers: Unemployment rate.* Aufgerufen am 5. April 2011, http://www.dol.gov/

Van Allen, S. (29. Dezember 1999). *George Gallup, twentieth-century pioneer.* Aufgerufen am 5. April 2011, http://www.gallup.com/poll/3376/george-gallup-twentiethcentury-pioneer.aspx

The Washington Post (o. D.). Faces of the fallen. *The Washington Post.* Aufgerufen am 29. April 2011, http://projects.washingtonpost.com/fallen/

Waste Management (o. D.). *About us.* Aufgerufen am 18. April 2011, http://www.wm.com/about/index.jsp

Weagley, R. O. (24. Juni 2010). *One big difference between Chinese and American households: Debt.* Aufgerufen am 30. April 2011, http://blogs.forbes.com/moneybuilder/2010/06/24/one-big-differencebetween-chinese-and-american-households-debt/

Weise, E. (18. Mai 2005). Medical errors still claiming many lives. *USA TODAY.* Aufgerufen am 29. April 2011, http://www.usatoday.com/news/health/2005-05-17-medical-errors_x.htm

Wessner, C.W. (Hrsg.) (2009). *An assessment of the SBIR program at the Department of Defense.* Washington, D.C.: National Academy Press.

Whitehouse.gov (o. D.). *Promoting innovation, reform, and excellence in America's public schools.* Aufgerufen am 21. April 2011, http://www.whitehouse.gov/the-press-office/fact-sheet-race-top

Williams, J. M. (20. September 2000). How everyone benefits from assistive tech's greatest hits. *Bloomberg Businessweek.* Aufgerufen am 15. April 2011, http://www.businessweek.com/bwdaily/dnflash/sep2000/nf20000920_400.htm

Williams, R. (7. Juni 2009). *Tax facts: Why nearly half of Americans pay no federal income tax.* Aufgerufen am 15. April 2011, http://www.taxpolicycenter.org/UploadedPDF/412106_federal_income_tax.pdf

Williams, R. (29. Juni 2009). *Tax facts: Who pays no income tax?* Aufgerufen am 15. April 2011, http://www.taxpolicycenter.org/UploadedPDF/1001289_who_pays.pdf

Wills, G. (März/April 1999). Bully of the free world. *Foreign Affairs,* 78(2), 50–59.

Wilson, D. und Purushothaman, R. (1. Oktober 2003). *Dreaming with BRICs: The path to 2050.* Aufgerufen am 9. April 2011, http://www2.goldmansachs.com/ideas/brics/book/99-dreaming.pdf

The World Bank (April 2011). *World development indicators: 2011.* Aufgerufen am 5. April 2011, http://data.worldbank.org/datacatalog/world-development-indicators?cid=GPD_WDI

The World Bank Group (2004). *Beyond economic growth student book: Gross domestic product (GDP).* Aufgerufen am 5. April 2011, http://www.worldbank.org/depweb/english/beyond/global/glossary.html#34

Yang, C. (4. Juli 2005). Vinton Cerf: On to »InterPlaNet protocol.«
Bloomberg Businessweek. Aufgerufen am 15. April 2011, http://
www.businessweek.com/magazine/content/05_27/b3941022.
htm

Zorn, E. (5. März 2007). Reality check: Al Gore and the Internet.
Chicago Tribune. Aufgerufen am 15. April 2011, http://blogs.
chicagotribune.com/news_columnists_ezorn/2007/03/reali-
ty_check_a.html

Zuck, R. B. (2009). *The Speaker's Quote Book.* Grand Rapids, MI:
Kregel.

Danksagung

Jennifer Robison und Geoff Brewer haben eines der schwierigsten Projekte, die ich in mehr als vierzig Jahren als Mitarbeiter bei Gallup unternommen habe, zu dem Projekt gemacht, das mir von allen am meisten Spaß und Freude gemacht hat. Es gab Momente, in denen wir feststeckten, und mir kam es vor, als hätten unsere Gedanken und Konzepte gar keinen Zusammenhang mehr und wir sollten das Ganze einfach sein lassen ... und dann ... peng. Ich danke Gott für Jennifer und Geoff, denn ohne sie gäbe es dieses Buch einfach nicht.

Geoff und Jennifer und unser führender Kopf, Verlagsleiter Larry Emond, sowie der gesamte Verlag Gallup Press verzeichnen überragende Erfolge. Es war ein Privileg, mit ihnen zusammenzuarbeiten, denn wann immer sie beschließen, jemandem zu helfen, wird praktisch garantiert etwas daraus. Danke also. Ich weiß jetzt aus eigener Erfahrung, wie gut ihr seid.

Ich möchte auch dem folgenden, sehr guten Team für den Fleiß, die endlosen Stunden und das Engagement für hervorragende Arbeit danken: Rechercheurin Trista Kunce, Redakteurin Kelly Henry, Grafikerin Beth Karadeema und Gallup-Press-Mitherausgeber Pio Juszkiewicz.

Und es gibt noch einige weitere Teams und Menschen, deren Arbeit für dieses Buch entscheidend war:

Gale Muller, Jon Clifton und ihr ganzes Team der World Poll.

Alle leitenden Wissenschaftler bei Gallup, besonders Ed Diener, Danny Kahnemann, Angus Deaton und Alan Krueger.

Ben Leedle und das Team von Healthways.

Dank an Roy Spence für zwei bedeutende Gedanken.

Dank an John Hope Bryant für seinen unermüdlichen Einsatz für ein Grundlagenwissen über Geld und Finanzen bei Schülern der fünften bis zwölften Klassen.

Dank an Deepak Chopra für seine einzigartigen Einblicke in die globale Vernetzung.

Dank an Jom Harter und Tom Rath für die Leitung der Forschungen über Wellbeing.

Dank an Sarah Van Allen dafür, dass sie mir bei allem geholfen hat.

Dank an Connie Rath, Shane Lopez und Jason Milton für die Studentenumfrage.

Dank an das Gallup-Team für die Schaffung von Arbeitsplätzen: Todd Johnson, Shay Hope, Sangeeta Badal, Gerardo Aranda und Jim Krieger.

Ich danke meinem unbeirrbaren Mentor in Weltpolitik, dem verstorbenen Alec Gallup.

Ich danke meiner Mutter Shirley und meinem verstorbenen Vater Don.

Und dem ganzen Gallup-Stamm, der einen Einfluss auf die ganze Welt ausübt, jeden Tag, mal weniger, mal mehr: Ich danke euch.

Über den Autor

Jim Clifton ist Vorsitzender und CEO von Gallup. Seine neueste Innovation, die Gallup World Poll, wurde darauf angelegt, den 7 Milliarden Weltbürgern zu praktisch allen wichtigen Themen in den nächsten 100 Jahren auf der Welt eine Stimme zu verleihen. Clifton hat sich dem Ziel verschrieben, dieses Projekt über hundert Jahre in hundertfünfzig Ländern weiterzuführen.

Unter Cliftons Führung hat Gallup sein Abrechnungsvolumen auf das Fünfzehnfache gesteigert, und das Unternehmen expandierte von einer vorwiegend auf dem US-Markt tätigen zu einer weltweit präsenten Organisation mit vierzig Niederlassungen in dreißig Ländern und Regionen der Welt.

Clifton ist auch der Schöpfer des Gallup-Pfades, eines auf Zahlen basierenden Wirtschaftsmodells, das Zusammenhänge zwischen den Faktoren Mensch am Arbeitsplatz, Kundenbindung und Unternehmensergebnisse herstellt. Das Modell wird in Performance-Managementsystemen in über fünfhundert Ländern weltweit angewandt.

Clifton ist Mitglied verschiedener Aufsichtsräte und Vorsitzender des Thurgood Marshall College Fund. Die Universitäten Jackson State, Medgar Evers und Bellevue haben ihm Ehrendoktortitel verliehen. Mit seiner Frau Susan lebt er in Washington, D. C.